Seitensprünge

Elfie Casty

Seitensprünge in der Küche

2. Auflage 1986

Aufnahmen: Johann Willsberger
Lithos: Laserscan, Düsseldorf
Druck: Neidhart + Schön Druck, Zürich

ISBN 3-905273-02-0

VORWORT ZUR ZWEITEN AUFLAGE

Es gibt sie nicht mehr, meine Küche im Landhaus, und dennoch besteht ein Grund für eine Neuauflage meiner «Seitensprünge in der Küche». Dieser liegt bei der großen Nachfrage nach einem Buch, das über viele Jahre vergriffen war und das im Zusammenhang mit dem im Herbst 1984 erschienenen Buch «Geliebte Küche» neugierig gemacht hat. Es wäre müßig, sich darüber Gedanken zu machen, ob die Rezepte noch aktuell sind. Viel beglückender ist die Einsicht, daß es inzwischen viele neue Liebhaber meiner Küche gibt!

Dies Rezept-Tagebuch aus den Jahren 1977–1979 habe ich nur unwesentlich verändert, weil es als ein Dokument aus jener Zeit zu verstehen ist, in der ich meine allerersten Seitensprünge in die große Küche wagte, aus der Zeit auch, in der es die Küche der Elfie Casty im Landhaus noch gab. Es sind von Hand geschriebene Skizzen und somit das Resultat von ganz spontanen Kochideen und neu erlebten Kochgefühlen.

Die Rezepte sind in der Tagebuchform belassen worden und darum nicht in Gruppen unterteilt. Auch fehlen zum Teil exakte Mengenangaben und Hinweise auf die Personenzahl. Doch wer mit Begeisterung kocht und darüber hinaus versteht, Rezepte zu interpretieren, begegnet einer zwar nicht alltäglichen, doch machbaren und natürlichen Küche, die voller Spontaneität ist und bei der die Liebe zum Detail das übrige tut.

Inzwischen hat sich meine Küche weiterentwickelt und das Ergebnis liegt im Buch «Geliebte Küche» vor, das zu einem großartigen Erfolg wurde. Und weil es sich mit Kochbüchern wahrscheinlich wie mit Schmetterlingen verhält – wer angefangen hat, sie zu sammeln, kann nie wieder davon lassen –, sollen die «Seitensprünge» nicht nur zur Lust des Kochens verführen, sondern auch all jenen Freude machen, die ein Buch ganz einfach nur betrachten und besitzen wollen.

Klosters, im September 1986

SILVIO RIZZI SCHRIEB DAMALS

Einen Seitensprung nennt Elfie Casty, immer mit dem Selbstvertrauen ringend, den großen Sprung nach vorn, den ihr Restaurant gemacht hat und der es unter die ersten vier oder fünf der Schweiz einordnet. Seitensprünge nenne ich die munteren Ausrutscher, die man ein paarmal im Leben tut, alsbald aber bereut, um zum stabilen Alltag von früher zurückzukehren. Nicht aber die irreversible Entwicklung einer so unvergleichlichen Köchin, die mit echtem «feu sacré» ihre kulinarische Welt auf den Kopf gestellt hat und heute eine anstrengende, alle Kräfte erfordernde Nouvelle Cuisine praktiziert. Köche, die einer gewinnversprechenden Mode folgen und sie mehr oder weniger geschickt adaptieren, hat es immer gegeben; Elfie Casty gehört nicht zu ihnen. Ihre neue Küche mutet mich eher wie eine Selbstverwirklichung an, das Entdecken einer Tätigkeit, die in erster Linie sie selbst glücklich macht - auch dadurch, daß sie damit andere, ihre Gäste nämlich, glücklich machen darf.

Ich habe das Landhaus in Laret - auch Tschiery's genannt - vor ungefähr einem Jahr kennengelernt. Ich besuchte es, um darüber zu schreiben. Was mich am meisten beeindruckte, waren nicht die zahlreichen hübschen Gerichte, die mir aufgetischt wurden, sondern die fast familiäre Gastfreundschaft dieses Hauses - nicht zu vergleichen mit der Arroganz so vieler Köche, die von sich sehr viel und von ihren Gästen gar nichts halten. Ich sah mich plötzlich mitten in die Probleme dieses Restaurants gestellt: in den Widerstreit zwischen den Wünschen einer Stammkundschaft und den hochgesteckten Zielen Elfies und in die Suche nach einer unverwechselbaren Handschrift, in die Loslösung von übermächtigen Vorbildern wie Girardet und Stucki. Daß sich dabei fast zwangsläufig eine Freundschaft entwickelt, ist leicht einzusehen.

Einige Telefongespräche, und dann wieder ein Essen im Landhaus, im Juli, in der Hochsaison war's. Elfie wußte zwar, daß ein kritischer Freund am Tisch saß, doch - diese Erfahrung habe ich mehrmals gemacht - kein Koch kann mehr als er kann, auch dann nicht, wenn er sich besonders anstrengt. Und ich muß gestehen: Dieses Essen war eines der perfektesten, das ich je genossen habe. Fast beunruhigend, wie schnell diese intelligente Frau in die Spitzengruppe der Köche vorgestoßen ist, nicht weniger kreativ als die besten von ihnen und mit einer Sensibilität fürs Ästhetische, für liebevoll, fast zärtlich angerichtete Teller, wie ich sie noch nirgends angetroffen habe.

Dieses Buch gibt zwar freimütig die meisten von Elfies Rezepten bekannt. Doch ihre Küche wird es nicht ersetzen, genauer gesagt: ihre Liebe zum Kochen. So wie ein Liebesroman kein Ersatz für erlebte Liebe ist.

Zürich, 1979

Landhaus, im September 1979

Die gastronomische Szene und ihre publizistische Beachtung hat sich in den vergangenen Jahren zweifellos gewandelt und eine überaus große Resonanz gefunden. Es erübrigt sich deshalb, an dieser Stelle nach dem Ursprung zu suchen und die Auswirkungen zu analysieren.

Tatsache bleibt, daß die großen Köche und Gastrokritiker unserer Zeit Wesentliches erreicht haben: nämlich das Bewußtmachen einer subtilen, transparenten Küche von verblüffender, raffinierter Einfachheit.

Tatsache bleibt auch, daß Kochen etwas unverschämt Schönes sein kann, ein Handwerk, das einem unzählige Möglichkeiten zum Experimentieren läßt. Ein Handwerk auch, von dem man besessen sein kann und bei dem es um ein ständiges Suchen nach der Ursprünglichkeit geht.

Tatsache bleibt vor allen Dingen, daß Essen die wundervollste Sache der Welt sein kann. Wer einmal nur in seinem Leben einem dieser wundervoll komponierten Menus bei einem jener großen Köche begegnet ist, wird diese Überzeugung nie wieder los.

Essen kann aber auch die wundervollste Sache der Welt sein, wenn es aus dem Bedürfnis geschieht, sich zurückzuziehen, um sich wiederzufinden. Denn nichts kann beglückender, verbindender und versöhnender sein, als ein Essen mit Menschen, denen man nahesteht. Vielleicht muß man diese Erfahrung erst machen, um dann erleben zu dürfen, daß es nichts gibt, was den Augenblick solcher Begegnungen ersetzen kann. Und wer erst noch lustvoll zu spüren vermag, wie unwiderstehlich eine junge Karotte schmeckt, der man den Eigengeschmack gelassen hat, der bringt das so wichtige Verständnis für die glückliche Symbiose von Kochen und Essen mit.

Diese Aussage ist vielleicht schwer verständlich angesichts des Umstandes, daß die meisten Menschen unter dem Begriff «Neue Küche» das Statussymbol einer gewissen Gesellschaftsschicht verstehen, die ihrerseits die Anstrengungen eines engagierten Kochs zu ihrer Prestigesache macht. So haben wohl die meisten Menschen Mühe, zu verstehen, daß weniger oft mehr sein kann und daß es die Lebenskunst ist, aus der das Schöne, Gute, das Einfache und Beglückende erwächst.

Nun ist dieses Buch nicht gemacht, eine Grundhaltung zu lehren, wie es auch kein Kochbuch ist, mit der Absicht, gründliches Wissen über das Kochen zu vermitteln. Es ist die Reproduktion der authentischen Niederschrift meiner Rezepte in ein ledergebundenes Buch, das mich einerseits an spontane Gerichte erinnern sollte und andererseits als ein liebevolles Dokument für meine Tochter Barbara gedacht war. Es soll mit Sicherheit kein ehrgeiziges Buch sein, sondern versuchen, mit der nötigen Transparenz Hintergründe eines (leise köchelnden) Erfolges aufzuzeichnen. Vor allen Dingen ist meine Aussage nicht allgemeingültig, sondern sie ist subjektiv und aus einer sehr spezifischen Situation entstanden. Nur die Motivation für den totalen Einsatz dürfte in ihrer Form nicht neu gewesen sein: das Suchen nach der Möglichkeit, eine tiefverwurzelte Unsicherheit loszuwerden. Ich hatte diese Unsicherheit mit der ihr eigenen Problematik wahrgenommen und mich mit ihr auseinandergesetzt, ahnend vielleicht, wie schwer es sein würde, in einer dominierenden «Koch»-Männerwelt zu bestehen. Die Auseinandersetzung hat mir zwar oft Mühe gemacht, gleichzeitig aber auch unbeschreibliche Freude.

SEITENSPRÜNGE IN DER KÜCHE

Ich weiß um die Verfänglichkeit des Titels! Pikante Geschichten zu erwarten - sozusagen ein erotisches Kochbuch - wäre allerdings zwecklos. Es sei denn, wir hielten das siedende Verlangen einer Karotte, gar zu werden, für eine erregende Sache! Was mir hingegen in der Küche geschehen ist, läßt den Vergleich mit einem Seitensprung absolut zu.

In einem Seitensprung liegt zweifellos die alles entscheidende Begegnung, die Veränderungen schafft. In ihm liegt auch die Herausforderung, eine völlig neue Situation zu meistern, wobei die Grenzen der Zumutbarkeit oft verwischt bleiben. Ein Seitensprung ist meistens auch ein Versuch, aus einer mehr oder weniger geordneten Lebensform auszubrechen, die ohne feste Fundamente stets verwundbar bleibt. Mit Sicherheit läßt sich sagen, daß ein Seitensprung Spaß machen kann.

So gesehen war meine Welt von Anfang an verwundbar. Doch, wo steht der Anfang und was bedeutet in meinem Fall Verwundbarkeit?

Ich versuche mich an die Zeit zu erinnern, als ich nach Davos kam, meinem Tschiery begegnete und mich mit einer seltsamen Plötzlichkeit mit einem Junggesellenbetrieb verheiratet sah. Ein Junggesellenbetrieb allerdings mit dem unverwechselbaren Charme der

Lässigkeit: ein klein wenig Wildwestatmosphäre mit viel Gin und Whisky. Die Tschiery-Bar war damals das unverfälschte Spiegelbild von Tschierys siebenjährigem Aufenthalt in den Staaten, mit allen Attributen der damaligen amerikanischen Lebensform. Und Tschiery hatte verstanden, neue Ideen in das schöne, damals noch etwas verschlafene Davos zu importieren und in Erfolg umzusetzen.

Logischerweise fehlte mir die Beziehung zu meiner neuen Situation, keineswegs aber der starke Wille, Veränderung und von daher eine Beziehung zu schaffen! Mit erstaunlicher Selbstverständlichkeit wurde das Lokal umgebaut – und blieb in der Folge leer! Nun hatte ich mir zwar eine Beziehung geschaffen, sie aber gleichzeitig den Gästen genommen. Damals spürte ich zum ersten Mal die Last der Verantwortung und die Notwendigkeit zu agieren. Die Spürbarkeit dieser Verantwortung ließ mich unvorsichtigerweise Dinge sagen, deren Folgen nicht absehbar waren: ich erklärte mich bereit, in der Küche zu stehen. Absoluter Wahnwitz! Mir fehlte jegliche Erfahrung, ich war weder erblich belastet noch vom Fach her ausgebildet. Der Gedanke, Gäste würden für meine Experimente bezahlen müssen, wurde zu einem Trauma, das bis heute Spuren hinterlassen hat: die Verpflichtung dem Gast gegenüber.

Der Zufall kam mir zu Hilfe: Fondue Bourguignonne. Die Idee war für Davos neu, mein Wille zur Wiedergutmachung groß und mein Hang zur Perfektion derart ausgeprägt, daß ein Erfolg nicht ausbleiben konnte. Außerdem bewegten sich im Schatten von Tschierys Amerikazeit genügend Amerikaner, die sich für spielerisches Essen begeistern ließen. Mit ihnen und dem starken Dollarkurs ist der Anfang leichtgefallen.

Das Fondue Bourguignonne also war mein erstes «Koch»-Erlebnis, und es konnte mich für eine gute Weile außer Atem halten. Mit der Zeit schien mir aber, als müßte es auch für die apostrophierte Köchin mehr Möglichkeiten geben. Mit Rindsfilet umzugehen hatte ich inzwischen gelernt, zur Kräuterbutter war nur ein kleiner Schritt. Es folgte mein Filetgoulyas. Der grüne Pfeffer kam ins Land und mit ihm mein erfolgreiches «Some like it hot». Neue Salate wurden kreiert – au goût d'Emmental, au roquefort, au fine champagne – Curry wurde ein modisches Gewürz und ein Kalbsteak «Bombay Style» die logische Folge. Es war die Zeit der ständigen Entwicklung, und zwar unter dem Druck einer seltsamen Angst, zu versagen und die Existenz zu gefährden.

In diesem Zusammenhang erinnere ich mich ganz besonders an den Wegzug aus Davos in unser Landhaus. Ich war mir damals nicht ganz sicher, ob die Attraktivität der Küche genügen würde, um Gäste für eine Anfahrt von Klosters und Davos zu motivieren. Wieder sah ich mich mit einer neuen Situation konfrontiert und da kann es leicht geschehen, daß man Anlehnung sucht und die alles entscheidende Begegnung stattfinden kann. Nun konzentrierte sich mein Wunsch nach Anlehnung weniger auf einen Geliebten, als vielmehr auf eine Begegnung, die mir für meine Küche neue Wege aufzeichnen sollte.

1974 – das Frankreich mit Paul Bocuse: Mit seinem Namen wurde Außenpolitik getrieben, er machte Schlagzeilen und neugierig. Und neugierig war ich, weiß Gott, genug! Unsere Reise durch Frankreichs große Küchen wurde eine Reise in ein neues Abenteuer. Die Erkenntnis, daß Essen ein Teil unserer Kultur sein muß, daß es Lebensfreude und Höchstgenuß vermitteln kann, habe ich damals mit aller Deutlichkeit wahrgenommen. Daß ich mich jemals, nur andeutungsweise, in dieser Richtung entwickeln könnte, daran wagte ich weder zu denken noch davon zu träumen. Nur sehr leise, unbewußt noch, ließ mich die Sache hellhörig werden und sensibilisierte mich für die spätere, alles entscheidende Begegnung.

1976 – das Crissier mit Fredy Girardet; der Ort, an dem ich beschloß, den Seitensprung zu wagen. Da fand sie statt, diese Begegnung, die Veränderung schafft und die eine Möglichkeit aufzeichnet, aus der mehr oder weniger geordneten Lebensform auszubrechen! Da wurde die Herausforderung spürbar, unmißverständlich, wobei die Grenzen der Zumutbarkeit verwischt blieben und das *Wie* noch lange Zeit im Raum stand. Es brauchte das freundschaftliche Gespräch mit einem anderen großartigen Koch, um mich die Richtung sehen zu lassen. Hans Stucki (vom «Bruderholz» in Basel) hatte Verständnis für mein Feuer und war bereit, mir in jeder Beziehung zu helfen.

Es folgte die Entwicklungsphase mit ihren Nöten und schlaflosen Nächten. Es kamen die ersten Erfolgserlebnisse und in ihrem Schatten die erneute Unsicherheit. Es folgten die ersten Zeitungsberichte und mit ihnen die totale Konfrontation mit den fragwürdigen Konsequenzen von Ambitionen.

Der Erfolg ist da, und die Journalisten, die mir gut gesinnt waren, haben dazu beigetragen, mich vor allen Dingen aber aus der Anonymität herausgeholt. Die Anonymität verlassen zu haben bedeutet, Allgemeingut zu werden, sich der Kritik zu stellen, Kräfte zu mobilisieren, um diese Kritik mit der ihr eigenen Belastung anzunehmen. Da werden die Nächte plötzlich lang, in denen man wachliegt, in denen die Grenzen der eigenen Möglichkeiten absehbar werden, in denen der Boden unter den Füßen spürbar und das Abenteuer als solches klar erkennbar wird. Man kämpft verzweifelt um die selbstverständliche Kaltblütigkeit erfolgreicher Männer – umsonst. Man bleibt, trotz Befreiung jeglicher Art und der vielgerühmten Emanzipation, schlicht und einfach eine Frau. Es sind nicht die Männer, die sich uns entgegenstellen; die Konflikte entstehen in uns selbst, besonders dann, wenn man als Frau versucht, sich als Allerweltskerl zu erweisen. In dieser Situation braucht es unerhört viel Kraft und Durchhaltevermögen, der Leistungsdruck steigt bis zur äußersten Grenze der Belastbarkeit, Substanz geht verloren und Reserven werden angegriffen. Die Männer dafür verantwortlich zu machen, wäre töricht. Die Geister hatte ich gerufen - sie wieder loszuwerden war und bleibt mein Problem.

Nun hat aber der Seitensprung zweifellos Spaß gemacht und ist heute zum legitimen Verhältnis geworden. Ich hatte Anlehnung gesucht und gefunden. Da ich ein äußerst sensibler Mensch bin, mußte die Begegnung unweigerlich Folgen haben. Ich bin ebenso ein realistischer Mensch, mit der nötigen Selbstkritik, und dieses Realitätsbewußtsein hat mir schlußendlich geholfen, meinen eigenen Weg zu finden.

BILDTEIL

lammzungensalat

Entenherzensalat
mit jungen Erbsen

Milkensalat
mit Bohnen

fischconsommé

Wachtelconsommé

Froschsch

Lachsterrine mit
Schnittlauchsauce

kelsalat

Hechtsavarin
mit Langustinen

Sankt-Petersfischfilet
auf Karottenpurée

Seeteufel-Médaillon
auf Tomatenbutter

Ausgelöstes Täubchen
mit jungen Zwiebeln
Entenbrust mit
Weichselsauce

Poularde mit Gemüse

Rehfilet mit Pfifferlingen
auf Petersiliengemüse

Kalbsfiletröllchen
mit Trüffelsauce

Kalbsmilken
an Vermouthsauce

Kaninchen
mit Basilikum
Schweinsfilet
mit Zwetschgen

Johannisbeeren und
sorbet auf Quarksauce
Vanilleeis mi
und champa

ubeeren
ersabayon
Feigen und Sorbet
auf Feigensauce

Linsensalat mit Kaninchenleber
Menu ca
Entenconsommé
mit Ravioli

Aepfel und Sorbet auf Zitronensauce
agnard
Rindsschmorbraten
mit Gemüse

Wachtelsalat
Menu
Langustinen-
schwänzchen

mango und sorbet
onomique
Ausgelöster
lammrücken
mit Bohnen

REZEPTE

Die Rezepte sind in der Tagebuchform belassen und reproduziert worden und darum nicht in Gruppen unterteilt. Auch fehlen zum Teil exakte Mengenangaben und Hinweise auf die Personenzahl. Doch wer mit Begeisterung kocht und darüber hinaus versteht, Rezepte zu interpretieren, begegnet einer zwar nicht alltäglichen, doch machbaren und natürlichen Küche, die voller Spontaneität ist und wo die Liebe zum Detail das übrige tut.

Mousse au chocolat

125 gr. Crémant-Schokolade in 2 Esslöffel Wasser im Wasserbad auflösen, 50 gr. Zucker unterrühren und erkalten lassen. 4 Eigelb und 2 Esslöffel Grand-Marnier dazurühren. 2,5 dl Rahm steifschlagen und vorsichtig unter die Schokoladenmasse ziehen. In schöne Gläser füllen und während mindestens 2 Stunden im Kühlschrank durchkühlen lassen. Vor dem servieren mit gehobelter Schokolade bestreuen.

Tarte aux pommes

1 Tarteförmchen buttern, mit Kristallzucker bestreuen und mit Blätterteig auslegen. Aepfel schälen, vom Kernhaus und Stielansatz befreien, vierteln und in hauchdünne Scheiben schneiden, Teig damit belegen (à cheval). Mit Zimt-Zuckermischung bestreuen, mit Butterflocken belegen, im heissen Ofen bei 200° während 20 Minuten backen. Sofort servieren.

4. Juni 1977

Potage de légumes

1 Eschalotte, 1 Karotte, 1 kleiner Sellerie mit Kraut, 1 junger Kohlrabi und 1 junger Lauch in Scheiben schneiden und in wenig Butter, auf kleinem Feuer, dünsten. Mit Gemüsebouillon abdecken, weichgaren. Das Gemüse mit der Bouillon im Mixer pürieren, aufkochen, würzen, 1 Esslöffel Rahm beifügen, in heisse Tasse füllen und mit Kerbelblättchen bestreuen.

Crème de petits pois frais

500 gr. frische Erbsen in viel Salzwasser blanchieren, in Eiswasser abschrecken und auf ein Sieb geben. 1 Eschalotte in Butter dünsten, Erbsen beifügen, mitdünsten, mit Salz und wenig Zucker würzen, mit Hühnerbouillon auffüllen und während 30 Minuten auf kleinem Feuer garen. Die Erbsen mit der Flüssigkeit im Mixer pürieren, durch ein Sieb passieren, aufkochen, würzen, wenig Rahm zufügen und in heisse Tassen füllen.

4. Juni 1977

Fond de volailles

1 kg Pouletknochen waschen und trocknen. Zusammen mit 100 gr. feingeschnittenen Champignons und 1 Tasse Gemüsejulienne in trockenen Kochtopf legen, kurz dünsten, mit 1 dl Weisswein ablöschen, vollkommen einreduzieren lassen, mit 2 lt kaltem Wasser auffüllen, 1 ungeschälte, feingeschnittene Zwiebel, Thymianzweige und Petersilienstengel beifügen und während 1 Stunde, auf kleinem Feuer, köcheln lassen. Ständig abschäumen. Nach dieser Zeit die Flüssigkeit durch ein Tuch passieren, wieder aufsetzen und bei geringer Hitze zur Hälfte reduzieren.

Der Fond kann in kleine Plastikdosen abgefüllt und tiefgefroren werden.

15. Juni 1977

Bouillon de volaille

1 frisches Suppenhuhn ausnehmen, waschen und binden. In einem Kochtopf kaltes Wasser aufsetzen, Huhn beifügen und zum Kochen bringen. Auf kleinem Feuer während 1 Stunde leise köcheln lassen, ständig abschäumen.
1 Lauch (nur das Weisse) 1 kleine Karotte, 50 gr. Champignons und 1 Zwiebel in Scheiben schneiden, der Brühe zufügen, sowie 1 Lorbeerblatt, 1 Thymianzweiglein und Petersilienstengel. Während einer weiteren Stunde köcheln lassen. Durch ein Sieb passieren, das Gemüse gut ausdrücken, durch ein Tuch passieren, vollständig entfetten und erkalten lassen.
Diese Brühe eignet sich vorzüglich als Basis von Suppen und Saucen.

15. Juni 1977

Bouillons de légumes

je 100 gr. Karotten, Lauch (nur das Weisse) und Champignons in Scheiben schneiden, Selleriekraut, Petersilienstengel, 1 Eschalotte und 1 Tomate klein schneiden. In einem Kochtopf 2 lt Wasser aufsetzen, das Gemüse zufügen, aufkochen lassen und auf kleinem Feuer, während 45 Minuten leise köcheln lassen. Durch ein Sieb passieren, das Gemüse gut ausdrücken, die Bouillon erkalten lassen.

Die Gemüsebouillon ersetzt oftmals bei Suppen die Hühnerbouillon, sie kann auch für das Garen von Gemüse verwendet werden.

15. Juni 1977

crème aux asperges vertes

sauber geschälte, grüne Spargeln in wenig frischer Butter weichdünsten, mit Hühnerbouillon auffüllen, im Mixer pürieren, durch ein Sieb streichen, aufkochen, mit wenig Rahm verlängern, mit Salz, weissem Pfeffer aus der Mühle, einer Spur Cayenne und Muskat würzen. In kleine, heisse Tassen anrichten und mit Kerbelblättchen bestreuen.

crème aux fines herbes

1 feingeschnittene Eschalotte in wenig frischer Butter dünsten. 1 Tasse Kräuter wie Kresse, Petersilie, Schnittlauch, Basilikum, Thymian und Kerbel mitdünsten, mit 3 dl. Gemüsebouillon auffüllen, im Mixer pürieren, durch ein Sieb passieren, aufkochen, wenig Doppelrahm zufügen, mit Salz, weissem Pfeffer aus der Mühle, einer Spur Cayenne und Zitronensaft würzen. In kleinen, heissen Tassen servieren.

17. Juni 1977

Suprêmes de volaille au Riesling

Von einem frischen, französischen Poulet (Bresse) à ca 1,6 kg sorgfältig die Brüstchen auslösen. Jungen Blattspinat waschen, in frischer Butter schwenken, würzen. Pro Brüstchen 1 schöne Pouletleber würzen und rosa braten. In die Brüstchen eine Tasche schneiden, mit Spinat und Leber füllen, würzen und in heisser Butter beidseitig kurz anbraten, in eine feuerfeste Cocotte legen. Bratensatz mit Riesling auflösen, reduzieren, Geflügelfond beifügen, reduzieren, mit Doppelrahm auffüllen, mit Salz, einer Spur Cayenne würzen und die sämige Sauce über die Pouletbrüstchen geben. Die Cocotte mit Blätterteig verschliessen:

Blätterteig dünn ausrollen, Deckel ausschneiden, der im Durchmesser um 2 cm grösser sein muss wie die Cocotte selbst. Der äussere, obere Rand mit Eigelb bestreichen, Teigdeckel über die Form legen und am Rand gut andrücken. Deckel vorsichtig mit Eigelb bestreichen, die Form in den Ofen schieben und bei 200° während 20 Minuten backen.

17. Juni 1977

Mignons de veau aux ciboulettes

Pro Person 3 Kalbsfiletmignons à 50 gr. würzen und in Butter rosa braten, warmstellen. Ueberschüssige Butter ableeren, Bratensatz mit Weisswein auflösen, reduzieren, Pouletfond zufügen, reduzieren, mit Doppelrahm auffüllen. Mit Salz, weissem Pfeffer aus der Mühle, einer Spur Cayenne und Zitronensaft würzen und viel feingeschnittenen Schnittlauch in die Sauce geben.

21. Juni 1977

Gratin de pommes de terre

1 kg geschälte, rohe Kartoffeln waschen, in hauchdünne Scheiben schneiden, in einem Tuch trocknen, leicht salzen. Eine flache Gratin-form buttern (der Butter 1 zerriebene Knoblauchzehe zufügen), die Kartoffelscheiben in die Form schichten. 2 dl Milch, 5 dl Rahm und 50 gr. Butter aufkochen, mit Salz, einer Spur Cayenne und Muskat sowie Thymian würzen und über die Kartoffeln geben. Die Form in den heissen Ofen schieben, 45 Minuten bei 150° und 30 Minuten bei 220° gratinieren.

Pommes de terre en julienne

Pro Person 200 gr. geschälte, rohe Kartoffeln in dünne Scheiben und dann in dünne Strei-fen schneiden, auf einem Tuch trocken, mit Salz, Thymian und einer Spur Cayenne würzen. In einem Portionenpfännchen 1 Esslöffel Butter heiss werden lassen, die Kartoffeln hineingeben und auf kleinem Feuer, zugedeckt, gold-braun braten, wenden und knusprig braten. Nur eine möglichst dünne „Rösti" schmeckt wirklich gut.

22. Juni 1977

Jus de veau

Ofen auf 250° vorheizen, eine entsprechend grosse und flache Bratpfanne im Ofen heiss werden lassen. 5 kg kleingehackte Kalbsknochen ohne Fettzugabe während ca 1 Stunde, unter ständiger Kontrolle, braun rösten. Nach dieser Zeit die Knochen in einen Kochtopf abschütten. Das ausgetretene Fett in der Bratpfanne belassen, 300 gr. geschnittene Zwiebeln beigeben, im Ofen goldbraun rösten, 150 gr. Tomatenmark zufügen und unter ständiger Kontrolle dunkelbraune Farbe nehmen lassen. Dieser Vorgang dauert ca 30 Minuten. Mit 7 lt kaltem Wasser ablöschen und diese Flüssigkeit, mit den Zwiebeln zu den Knochen geben. Auf kleinem Feuer, während mindestens 4 Stunden leise köcheln lassen und abschäumen. Die Knochen auf ein Sieb schütten, die aufgefangene Flüssigkeit erneut zum kochen bringen und während mindestens während 2 Stunden, auf kleinem Feuer reduzieren lassen. Alle Unreinheiten von der Oberfläche abschöpfen. Über Nacht kaltstellen, damit sich eventuelles Fett von der Oberfläche abheben lässt. Auf diese Weise lassen sich alle braunen Fonds zubereiten. Bei

Kaninchen-, Lamm- oder Geflügeljus genügt allerdings die Hälfte der Mengenangabe. Einen Jus zuzubereiten, macht viel Mühe, die aufwendige Arbeit aber lohnt sich. Man kann einen Jus zum Beispiel sirupartig einkochen lassen, in Plasticdosen füllen und eingefrieren.

Fond brun de chevreuil

Rehknochen hacken, in ein Gefäss geben und folgende Zutaten beifügen: 1 Karotte, Eschalotten, 1 Stück Lauch und 1 Stück Sellerie (Gemüse in Scheiben schneiden), 1 Lorbeerblatt, Wacholderbeeren, Petersilienstengel, 1 Thymianzweiglein, 1 Tannenzweiglein (!), weisse Pfefferkörner und soviel Burgunderwein, dass das Ganze bedeckt ist. Während mindestens 24 Stunden im Kühlschrank marinieren lassen.
Die Knochen auf ein Sieb geben, trocknen. Die aufgefangene Flüssigkeit aufkochen und durch ein Tuch passieren. Nach dem beschriebenen Prinzip verfahren.

21. August 1977

Mignons de veau à la purée de girolles

1 feingehackte Eschalotte in Butter dünsten, 200 gr. Pfifferlinge beifügen und so lange mitdünsten, bis fast alle Flüssigkeit verdampft ist. Mit 1/2 dl Weisswein ablöschen, reduzieren, mit 2,5 dl Hühnerbouillon auffüllen, mit Salz, weissem Pfeffer aus der Mühle, einer Spur Cayenne, Muskat und Curry würzen, das Ganze im Mixer pürieren. Die Sauce aufkochen, mit 1/2 dl. Doppelrahm verlängern, vom Herd ziehen und eiskalte Butter in die Sauce schlagen.
Pro Person 3 Kalbsfiletmignons à 50 gr. rosa braten, mit dem heissen Pilzpurée nappieren. Kleine, ausgesuchte Pfifferlinge kurz in Butter sautieren, würzen und mit grobgeschnittener, flachblättriger Petersilie mischen und auf die Mignons geben.

21. August 1977

Mignons de porc aux pruneaux

Pro Person 3 Schweinsfiletmignons à 50 gr. mit Rohesspeck umwickeln und in einer Butter-Oelmischung rosa braten, an die Wärme stellen. Ueberschüssige Butter ableeren, Bratensatz mit Rotwein ablöschen, reduzieren, mit wenig Kalbsjus auffüllen, 3 eingelegte Zwetschgen beifügen sowie wenig Zwetschgensaft und das ganze auf grossem Feuer sirupartig einkochen lassen. Die Mignons auf Teller setzen, die Zwetschgen auf das Fleisch legen und mit der Sauce überziehen.

Pruneaux au vin rouge

2 dl Rotwein zusammen mit 1 dl. Zuckersirup aufkochen und noch heiss auf 12 schöne, gewaschene Dörrzwetschgen geben und auskühlen lassen.

23. August 1977

Crème de bolets

150 gr. Steinpilze von Erde befreien und in einem Tuch sauber machen (möglichst nicht waschen), in Scheiben schneiden. 1 feingeschnittene Eschalotte in frischer Butter dünsten, Pilze beifügen und mitdünsten. Mit 2 dl Hühnerbouillon auffüllen, aufkochen lassen und im Mixer pürieren, durch ein Sieb passieren, wieder erhitzen, wenig Rahm beifügen, mit Salz, weissem Pfeffer aus der Mühle, einer Spur Cayenne und Zitronensaft würzen. In kleinen, heissen Tassen servieren.

Selbstverständlich läßt sich dieses Süppchen aus allen bekömmlichen Pilzarten herstellen. (Nur Fliegenpilze, auch wenn sie noch so schön sind, dürften sich weniger gut eignen!) Im übrigen hat mir diese Suppe den Titel Suppenkönigin der Schweiz eingebracht. Hans Stucki wenigstens war davon überzeugt. Daß mir der Titel einer Miss Schweiz eher zugesagt hätte, auf die Idee ist dieser Hans nicht gekommen! Nun, da dürften die Zutaten nicht gestimmt haben – und außerdem ist Hans mit Sicherheit ein großartiger Koch, in Misswahlen aber doch eher unerfahren.

26. August 1977

Mousse de foies de volailles

200 gr. frische, sauber geputzte Hühnerleber während 6 Stunden in 1 dl. rotem Porto ziehen lassen, 1 Lorbeerblatt, 1 Thymianzweiglein und weisser Pfeffer aus der Mühle beigeben. Die Leber auf ein Sieb schütten, Lorbeerblatt und Thymian entfernen. Die Leber in frischer, schäumender Butter steif und rosa braten, in eine Schüssel geben und kaltstellen. Mit der Marinade Bratensatz auflösen, etwas reduzieren lassen, kaltstellen. Eine entsprechende Schüssel auf Eis stellen, die kalte Leber, Marinadenreduktion und 100 gr. frische Enten- oder Gänseleber (foie gras) durch ein Sieb in die Schüssel streichen. Der Masse 100 gr. Butter zufügen und mit einem Holzlöffel gut durcharbeiten. Mit Salz, weissem Pfeffer, Cayenne und Armagnac würzen, die Mousse in eine entsprechende Form füllen und kaltstellen. Mit einem heissen Löffel abstechen.
Die Verarbeitung der Leber sollte möglichst schnell geschehen, damit sich die Konsistenz nicht verändert.

3. Oktober 1977

KÖCHIN WERDEN IST NICHT SCHWER – GUT ZU SEIN DAGEGEN SEHR!

Der Seitensprung in die große Küche war ein Abenteuer voll dramatischer Augenblicke. Zum Beispiel die erste Berührung mit einer echten, frischen Entenleber. Ich hielt sie in Händen und wußte nichts, überhaupt nichts damit anzufangen. Da war sie wieder hautnah, diese Verantwortung meinem Tschiery gegenüber, der seit Jahren versuchte, Ausgaben und Einnahmen in einer einigermaßen gesunden Relation zu halten! Es fiel ihm damals besonders schwer, zu verstehen, weshalb ich meine Goulyasküche aufgeben wollte, weshalb ich um alles in der Welt eine neue Herausforderung brauchte! «Ein Pferd, das am Gewinnen ist, sollte unter keinen Umständen ausgewechselt werden» – diese Theorie schien für ihn die einzige Möglichkeit, mich zurückzuhalten. Wo ich doch zu spüren glaubte, daß eben dieses Pferd auf lahmen Beinen ging! Und so lag sie halt, die Herausforderung, in meinen Händen, und zwar in direkter Nachbarschaft mit dem schlechten Gewissen.

Freunde sind zur Stelle, wenn man sie braucht – ein guter, beruhigender Gedanke. Und Max Kehl ist ein Freund. Und bei ihm läßt man ein Telefon nicht umsonst klingeln. Nur dürfte er sich damals im stillen – und ich zweifle keinen Augenblick daran – über meine totale Hilflosigkeit amüsiert haben. Etwa nach der Art des Mannes, der eine Frau am Steuer bei einem ungeschickten Manöver ertappt! Sich den männlichen Respekt zu verschaffen ist (fast) ein Ding der Unmöglichkeit – wen wundert's. Es sei denn, man erweise sich am Steuer als ein Jackie Stewart, verstehe mit instinktiver Sicherheit, Knüppel und Situationen zu meistern, man beherrsche mit traumwandlerischer Sicherheit die Kurventechnik, man verstehe, Kerzen, Keilriemen und gleich alle vier Räder zu wechseln, man trete vor Rot reaktionsschnell auf die Bremse, um bei Orange Gas zu geben!

Sich als Frau in der Küche zu behaupten, ist um vieles schwerer, besonders dann, wenn man seine Schwächen und Unerfahrenheit derart offensichtlich demonstriert. Nun, Männer (und auch Köche) sind nicht durchweg bösartige Geschöpfe, nur darauf bedacht, Frauen – und besonders kochende Frauen – ihre Unmündigkeit spüren zu lassen. Es gelingt ihnen auch hin und wieder, ihren Schalk und ihre Schadenfreude zu verstecken! Ich werde jedenfalls nie vergessen, mit wieviel Geduld Max Kehl damals versuchte, mir Schritt um Schritt – und dies am Telefon – die Bearbeitung einer Entenleber zu erklären. Ohne seinen Rat hätten meine Gäste noch eine gute Weile auf Entenlebergerichte verzichten müssen!

Cassolette de foie de canard aux griottes

Weichselkirschen kurz in wenig Zuckersirup, einem nussgrossen Stück Tafelbutter und wenig Sherryessig kochen. Die Kirschen in heisse Pfännchen (oder auf Teller) geben, die Flüssigkeit sirupartig einkochen lassen.
Pro Person 1 Entenleberschnitzel à 60 gr. würzen, leicht mehlen und in heisser Butter beidseitig braten, auf die Kirschen legen, mit Saft nappieren und mit feingeschnittenem Schnittlauch bestreuen.

3. Dezember 1977

Crème de fenouil au Pernod

200 gr. zarte Fenchelknollen in Butter weichdünsten, mit Hühnerbouillon auffüllen, im Mixer pürieren, durch ein Sieb streichen, aufkochen, mit wenig Doppelrahm verlängern. Mit Salz, weissem Pfeffer aus der Mühle, einer Spur Cayenne und Muskat würzen, mit Pernod abschmecken. Die Suppe in heissen Tässchen servieren und mit Fenchelkraut garnieren.

Crème à l'oignon

300 gr. Zwiebeln in Würfelchen schneiden, in schäumende Tafelbutter geben und auf kleinem Feuer, zugedeckt und unter ständiger Kontrolle, während 30 Minuten goldbraune Farbe nehmen lassen. Mit 1/2 dl Weisswein ablöschen, reduzieren, mit Hühnerbouillon auffüllen, mit wenig Doppelrahm verlängern. Mit Salz, weissem Pfeffer aus der Mühle, einer Spur Cayenne und Cognac würzen. In kleine, heisse Tassen füllen und mit feingeschnittenem Schnittlauch bestreuen.

9. Dezember 1977

Lapereau au basilic

Pro Person ein ausgelöster Schenkel eines Jungkaninchens binden, würzen und in einer Butter-Oelmischung während ca 25 Minuten, zugedeckt, weichschmoren. Schenkel aus der Pfanne nehmen, warmstellen. Ueberschüssige Butter ableeren, frische Butter in die Pfanne geben, 1 feingeschnittene Eschalotte und Knoblauchzehe dünsten, mit Weisswein ablöschen, reduzieren, mit Kaninchenjus auffüllen, mit Salz, weissem Pfeffer aus der Mühle und einer Spur Cayenne würzen, die Sauce passieren, aufkochen. Basilikum feinschneiden, in die Sauce geben und die Sauce mit eiskalter Butter montieren. Schenkel in Scheiben schneiden, auf einem heissen Teller fächerartig anrichten, mit der heissen Sauce umgiessen und mit Karottenköpfchen servieren.

12. Dezember 1977

Gâteau de pois-mange-tout

250 gr. Kefen (Zuckererbsen) in Salzwasser knackig kochen, abschütten und im Mixer pürieren. Unter das Purée 1 Ei und 1 Esslöffel Doppelrahm ziehen, mit Salz, weissem Pfeffer aus der Mühle, einer Spur Cayenne und Muskat würzen, in ausgebutterte Förmchen füllen und während 15 Minuten im Ofen bei 200° im Wasserbad garen.

Gâteau de carottes

250 gr. geschälte Karotten in Scheiben schneiden, in frischer Butter zugedeckt, auf kleinem Feuer, weichdünsten. Mit Salz und einer Spur Zucker würzen. Die Karotten erkalten lassen und mit einem Messer feinhacken. 1 feingeschnittene Eschalotte in Butter goldgelb dünsten und unter die Karotten mischen. Flachblättrige Petersilie feinschneiden, zufügen, 1 Ei beigeben, mit Salz, weissem Pfeffer aus der Mühle, einer Spur Cayenne und Muskat würzen, in ausgebutterte Förmchen füllen, während 15 Minuten im Wasserbad bei 200° im Ofen garen.

12. Dezember 1977

Gigot de volaille à l'orange

Pro Person ein ausgelöster Pouletschenkel mit Farce füllen, verschliessen, würzen und in heisser Butter goldbraune Farbe nehmen lassen. Zugedeckt, auf kleinem Feuer, während 20-25 Minuten weichschmoren. Schenkel aus der Pfanne nehmen und warmstellen. Ueberflüssige Butter ableeren, Bratensaft mit Saft einer Orange auflösen, 1 Cafélöffel Orangenconfiture beifügen und sirupartig einkochen lassen. 1/2 dl Geflügelfond zufügen, reduzieren, mit Doppelrahm auffüllen, mit Salz, einer Spur Cayenne und frischem Ingwer würzen. Pouletschenkel in Scheiben schneiden, auf Teller geben, mit der heissen Sauce nappieren, mit gehackten Pistazien bestreuen und mit Orangenfilet garnieren.

Farce

Pouletfleisch durch den Wolf drehen, mit Ei und Rahm binden, mit Salz, einer Spur Cayenne, Armagnac und geriebener Orangenschale würzen, frischen Basilikum beifügen. Schenkel mit Hilfe eines Spritzsackes füllen.

16. Dezember 1977

Julienne d'oranges confites

Orangen waschen, mit scharfem Messer schälen und darauf achten, dass möglichst wenig von der weissen Haut an der Schale bleibt. Die Schale in feine Streifen schneiden, in kochendem Wasser blanchieren und auf ein Sieb geben. Die Orangenstreifen in Zuckersirup von 18° auf kleinem Feuer so lange köcheln lassen, bis ein dickflüssiger Sirup entsteht.

Zuckersirup von 18°

1 lt Wasser und 540 gr. Zucker aufkochen, abschäumen und kaltstellen. Dieser Sirup eignet sich zum Kochen von Früchten oder Einkochen von Orangen- Zitronenschalen und Ingwer etc.

Zuckersirup von 28°

1 lt Wasser und 1 kg Zucker aufkochen, abschäumen und kaltstellen. Dieser Sirup eignet sich besonders zur Herstellung von Sorbets.

10. Januar 1978

Parfait au chocolat et gingembre

Mousse au chocolat herstellen. Eingemachten Ingwer in feinste Brunoise schneiden, 2 Esslöffel der Schokoladenmasse beifügen sowie 3 Esslöffel Ingwersirup. 2 Eiweiss steif schlagen, sorgfältig unter die Masse ziehen, in eine entsprechende Form füllen und über Nacht gefrieren lassen.

Salade à l'orange

Für die Sauce: pro Person 1 Orange schälen, filetieren, mit Puderzucker, Zitronensaft und Grand-Marnier im Mixer pürieren, durch ein Sieb streichen.
Pro Person 1 Orange schälen, filetieren, in der Sauce während 2 Stunden ziehen lassen. Sauce auf Teller geben, Orangenfilets dekorativ anrichten, mit eingemachten Orangenjulienne bestreuen.

12. Januar 1978

Salade de lentilles aux foies de lapereau

Pro Person 30 gr. Linsen in viel Salzwasser kochen, abschütten und auskühlen lassen. Während mindestens 30 Minuten in einer Nussoelvinaigrette ziehen lassen und fein-geschnittene Eschalotten beifügen.
70 gr. sauber geputzte Kaninchenleber in Streifen schneiden, würzen und in heisser Butter steif und rosa braten, mit den Linsen dekorativ auf Teller anrichten, mit Salat-sauce beträufeln.

22. Januar 1978

Coeur de filet de boeuf aux truffes

600 gr. eines Rindsfilet-Mittelstückes würzen, bei 250° im Ofen saignant braten, an der Wärme ruhen lassen. Überschüssiges Bratoel ableeren. 1 nussgrosses Stück Tafelbutter in die Bratpfanne geben, 60 gr. Trüffeljulienne in der Butter dünsten, mit Rotwein ablöschen, reduzieren, mit wenig Kalbsjus auffüllen, mit Salz, weissem Pfeffer aus der Mühle und Armagnac würzen. Das Fleisch in nicht zu dünne Scheiben schneiden und mit der heissen Sauce servieren.

Poireaux à la crème

600 gr. Lauch (nur das Weisse) in feine Streifen schneiden, kurz in Salzwasser blanchieren, auf ein Sieb geben und gut ausdrücken.
In frischer Butter 1 feingehackte Eschalotte dünsten, Lauch zufügen, mit Doppelrahm auffüllen und auf grossem Feuer reduzieren.
Mit Salz und einer Spur Muskat und Cayenne würzen.

5. Februar 1978

Salade de crevettes au fenouil

Pro Person 1 rohes Fenchelherz in hauchdünne Scheiben schneiden, auf Teller ordnen. 100 gr. frische, ausgelöste und gekochte Crevetten in die Mitte des Tellers setzen und den Salat mit einer leichten Olivenoelvinaigrette überziehen. Mit Fenchelkraut garnieren.

Vinaigrette à l'huile d'olive

1/2 dl reines Olivenoel, 1 Esslöffel Rotwein-essig und Zitronensaft zu einer Sauce rühren, mit Salz, weissem Pfeffer aus der Mühle und einer Spur Cayenne würzen. Eventuell eine fein-gehackte Eschalotte beifügen.

3. März 1978

Agneau d'Ecosse à l'ail et au thym

1 kg Lammcarré von den Knochen lösen, das Fleisch in den eigenen Fettlappen rollen und binden. Im heissen Ofen (250°) in einer entsprechenden Bratpfanne wenig Olivenoel erhitzen, Fleisch und 12 ungeschälte, süsse Knoblauchzehen und 1 Thymianzweiglein in die Pfanne geben, nach 6 Minuten wenden und nach weiteren 6 Minuten das Fleisch während 2x3 Minuten ruhen lassen (nach 3 Minuten wenden). Ueberschüssiges Oel ableeren, Bratensatz mit wenig Rotwein auflösen, reduzieren, mit Lammjus auffüllen, etwas reduzieren, die Sauce durch ein Sieb passieren, die Knoblauchzehen dabei leicht ausdrücken, würzen. Das Fleisch in Scheiben schneiden, auf Teller anrichten, mit wenig Sauce umgiessen und mit grünen, jungen Bohnen servieren.

6. März 1978

Ris de veau

1 kg Kalbsmilken (Bries) während mindestens 6 Stunden unter fliessendem, kaltem Wasser wässern.
5 dl Weisswein, 5 dl. Wasser, 1 kleingeschnittene Zwiebel und 1/2 Tasse Gemüsejulienne aufkochen, die Milken in den Sud geben und auf kleinem Feuer während 15-20 Minuten pochieren. Die Milken nochmals während 30 Minuten wässern, von Häutchen und harten Teilen säubern, in eine flache Schüssel ordnen, mit einem Tuch abdecken, mit Gewicht beschweren und im Kühlschrank „steif" werden lassen.

Beim Einkauf ist darauf zu achten, dass man Herzmilken erhält und nicht etwa die längliche Halsmilke, die weniger delikat ist.

18. März 1978

Escalopes de ris de veau au Noilly Prat

600 gr. blanchierte Kalbsmilken in Scheiben schneiden, würzen, leicht mehlen und in heisser Butter beidseitig goldgelb braten, auf Teller anrichten.
Für die Sauce werden in frischer Tafelbutter 1 feingeschnittene Eschalotte und wenig Gemüsejulienne gedünstet, mit 1 dl Noilly Prat (trockener Vermouth) abgelöscht, mit 2 dl Milkenfond aufgefüllt, reduziert, Doppelrahm beigegeben und zu einer sämigen Sauce gekocht. Mit Salz, einem Hauch Cayenne, wenig Zitronensaft würzen, durch ein Sieb passieren. Die heisse Sauce über die Milkenschnitzel geben, mit Blattspinat servieren.

Epinards en branches au beurre

Junger, feiner Blattspinat waschen, in einem Tuch trocknen, in schäumende Tafelbutter geben, mit Salz, weissem Pfeffer aus der Mühle und einer Spur Muskat würzen. Gewendet wird der Spinat mit einer Gabel, an der eine Zehe Knoblauch steckt.

4. Juni 1978

Aiguillettes de canette aux griottes

Von einer Bresse-Ente im Gewicht von ca 1,5 kg sorgfältig die Brüstchen auslösen. Pro Person 1 Brüstchen würzen, saignant braten und warmstellen. Ueberschüssige Butter ableeren, Bratensatz mit Burgunder auflösen, reduzieren, mit Entenjus auffüllen, 1 Esslöffel Weichselconfiture beifügen und reduzieren. Das Entenbrüstchen in Scheiben schneiden und mit der heissen Sauce dekorativ auf Teller anrichten.

Confiture aux griottes

Weichselkirschen kurz mit kochendem Wasser überbrühen, Häutchen abziehen und entsteinen. 1/3 Burgunder, 1/3 Porto und 1/3 Zuckersirup aufkochen, die Kirschen zufügen und auf kleinem Feuer einkochen lassen.

12. Juni 1978

Gratin de framboises

Vollreife Wald- oder Gartenhimbeeren verlesen, besonders schöne Früchte aussortieren. Die restlichen Beeren zusammen mit Puderzucker und Zitronensaft im Mixer pürieren, durch ein Sieb streichen und in entsprechende Gratinförmchen verteilen. Die aussortierten Beeren dicht auf das Fruchtmark setzen. Pro Person je ein Esslöffel Patisseriecrème (60 gr. Mehl auf 1 lt. Milch), flüssiger und geschlagener Rahm mischen, mit Himbeerliqueur parfümieren, über die Beeren geben und kurz unter dem Salamander gratinieren.

13. Juni 1978

DER FISCH – OHNE KOPF UND SCHWANZ

Es gibt sie tatsächlich, die gespaltene Seele! Sie ist mir vertraut und hat mir oft genug Schwierigkeiten bereitet. Eine starke Beziehung zur Natur hat mich in bezug auf meine Küche Dinge mit fest verschlossenen Augen tun lassen. Ein Huhn, ein Kaninchen, ein Lamm zum Beispiel waren für mich Teile dieser Natur. Durch die Existenz der Tiere wurde diese erst spürbar, elementar. Trostreich deshalb die Tatsache, daß es vom Huhn das Brüstchen oder den Schenkel zu kaufen gab und daß das Lamm als Carré seine Identität verloren hatte. Auf diese Weise blieb mir die Konfrontation mit dem toten Lebewesen stets erspart – eine sträfliche Unlogik, die einem spätestens dann bewußt wird, wenn man anfängt, mit Frischprodukten zu arbeiten! Da fliegen die Bressehühner und Enten nicht etwa naturalistisch ins Haus, sondern sie liegen ausdruckslos in ihrer Verpackung und tragen mit ironischem Selbstbewußtsein ihre Gütezeichen um den Fuß.

Fische sind Fische, meint man. Für manche Menschen mag diese lakonische Feststellung zutreffen. Für mich gehörte ein Fisch ins Wasser, wo er sich tummelt, sich liebt, sich ängstigt und sicher auch über eine kleine Seele verfügt. Ein Fisch in meiner Küche war folgerichtig nur als Filet zumutbar. Nun waren aber meine Ambitionen plötzlich groß und ein konsequenteres Verhalten drängte sich erbarmungslos auf.

Ich hatte meine Freunde und Hans Stucki gehörte dazu, bereit, der kleinen, aber ehrgeizigen Köchin zu helfen. Er wußte um die Schwierigkeiten zur Beschaffung von Frischprodukten und so überließ er mir die Adresse seines Fischlieferanten: eines Direktimporteurs mit der vielversprechenden Möglichkeit, die Fische äußerst frisch und in großer Auswahl zu erhalten. Eines Importeurs aber, der die Fische vom Kühlwagen auf dem schnellsten Weg weiterleitet; die Fische filetiert zu erwarten war demnach ein Ansinnen. Aber wie ließ sich meine Abneigung überwinden, wie konnte ich dem Fisch in seiner Ganzheit begegnen?

Verständnisvoll wie Männer nun einmal sind, haben sie der zartbesaiteten Köchin über ein volles Jahr die Fische ohne Kopf und Schwanz geliefert, lang genug jedenfalls, um mich ins Gerede zu bringen. Kaum ein Koch aus Hans Stuckis Freundeskreis – ob in Frankreich oder in der Schweiz –, der nicht um die Geschichte der Köchin im Bündnerland wußte, der die Fische aus Pietätsgründen ohne Schwanz und Kopf geliefert wurden! Nun, Hans ist ein richtiger Koch und außerdem ein rundum realistischer Mensch, der sich kaum mit der Seele eines Huhns oder eines Fisches beschäftigt. Meine Geschichte zu erzählen muß ihm unerhört viel Spaß gemacht haben. Man stelle sich jedoch meine Situation vor: da kämpfte ich um Anerkennung und machte gleichzeitig auf Frau mit Seelchen – das konnte nicht gutgehen! Inzwischen allerdings erfolgt meine Fischlieferung auf ganz professionelle Art: dreimal die Woche erhalte ich die schönsten Fische, *mit* Kopf und *mit* Schwanz, mit klaren Augen und gesunden Kiemen!

Fumet de poissons

500 gr. Fischgräte (von Seezunge, Steinbutt etc.) waschen und in Stücke teilen.
2 feingeschnittene Eschalotten und 1 Stück Lauch (nur das Weisse), eine kleine, in Scheiben geschnittene Karotte, 1 Petersilienstengel, 100 gr. feingeschnittene Champignons in wenig reinem Olivenoel dünsten, Fischgräte zugeben und während 10 Minuten, zugedeckt, mitdünsten. Mit trockenem Weisswein und Wasser auffüllen und während 20-30 Minuten, auf kleinem Feuer, leise ziehen lassen, dabei ständig den Schaum abschöpfen. Die Flüssigkeit durch ein Tuch passieren, nochmals während 30 Minuten, auf kleinem Feuer, reduzieren lassen.

Eine Hausfrau wird diesen Fond in kleine Plasticdosen füllen und tiefgefrieren. Er eignet sich für zahllose Fischgerichte und ist als Basis für eine gute Sauce unerlässlich.

14. Juni 1978

les poissons à la vapeur

In einer Pfanne Butter zergehen lassen, 1 feingeschnittene Eschalotte, einige Champignonstiele, Petersilienstengel und wenig Lauchjulienne (nur das Weisse) dünsten. Mit Weisswein (oder Vermouth, oder Champagner, oder Sherry oder ....) ablöschen, reduzieren und Fischfond beifügen.

Die gewürzten Fischfilets (oder Jakobsmuscheln, oder Austern, oder .....) auf ein gebuttertes Sieb legen, das in der Grösse genau auf die Pfanne mit der Flüssigkeit passt. Die Fische, je nach Grösse, während ca 20-40 Sekunden, zugedeckt, über der kochenden Flüssigkeit glasig ziehen lassen. Die Flüssigkeit wird für Saucen weiterverwendet.

Diese Methode ist uns fürchterlich teuer zu stehen gekommen: die Reise nach Paris mit Hotel und fürstlichem Nachtessen, zahllose Taxifahrten von Spezialgeschäft zu Spezialgeschäft, um schlußendlich mit einer übergroßen Couscouspfanne nach Hause zurückzukehren, von der ich lediglich das Sieb verwenden konnte! Fische im Ofen zu pochieren ist bestimmt richtig, aber die Gefahr ist groß, daß der entscheidende Moment verpaßt wird. Besonders kleine Stücke bleiben, über Dampf gegart, saftig. Auf jeden Fall dürfte dieses Sieb das wertvollste Stück in der Erbmasse darstellen!

14. Juni 1978

Blanquette de poissons au Crémant de Cramant

Pro Person je 50 gr. Lachs- Seezungen- Steinbutt- und Sankt-Petersfischfilet würzen und über Dampf auf den Punkt garen. Die Filets in die Mitte eines Tellers anordnen, die heisse Sauce darübergeben, mit tournierten Gemüse, grünen Spargelspitzen und Kerbelblättchen garnieren.

Für die Sauce die Garflüssigkeit passieren, wenig Champagner beifügen und auf grossem Feuer reduzieren, 3 Esslöffel Doppelrahm zugeben, mit Salz, weissem Pfeffer aus der Mühle und einer Spur Cayenne würzen.

15. Juni 1978

Terrine de saumon frais

500 gr. Lachsfilet im Mixer pürieren, 2 Eiweiss dazugeben. Eine Schüssel auf Eis stellen, die Masse durch ein Sieb in die Schüssel streichen und während 30 Minuten kaltstellen. Nach dieser Zeit 5 dl. Doppelrahm im Faden mit einem Holzlöffel unter die Fischmasse schlagen. Mit Salz, Cayenne, weissem Pfeffer aus der Mühle und wenig Sauternelken würzen.
Eine Terrinenform mit hauchdünnen Orangenscheiben auskleiden, die Hälfte der Fischmasse einfüllen, ein ganzes, gewürztes Lachsfilet daraufl egen, mit der restlichen Fischmasse abdecken. Mit Alufolie und Deckel die Form verschliessen und während 45 Minuten im Wasserbad bei 180° im Ofen garen. Terrine über Nacht erkalten lassen und stürzen. Mit einer Schnittlauchsauce servieren.

Sauce aux ciboulettes

Feingeschnittener Schnittlauch, 1 Eigelb, Sauternelken und Rahm im Mixer schlagen, durch ein Sieb passieren, mit Salz, Cayenne und weissem Pfeffer aus der Mühle würzen.

16. Juni 1978

Mousseline de saumon
sauce aux poivrons

250 gr. Lachsfilet im Mixer, zusammen mit 1 Eiweiss, pürieren. Eine Schüssel auf Eis stellen, die Masse durch ein Sieb in die Schüssel streichen und 30 Minuten kaltstellen. 3,5 dl Doppelrahm im Faden mit einem Holzlöffel unter die Masse arbeiten. Mit Salz, weissem Pfeffer aus der Mühle, einer Spur Cayenne und Zitronensaft würzen, in entsprechende Förmchen füllen, mit Alufolie einzeln verschliessen und im Wasserbad während 12-15 Minuten bei 200° im Ofen garen.
Für die Sauce 3 Esslöffel Fischfond und 2 Esslöffel Chablis auf grossem Feuer reduzieren, 2 Esslöffel Doppelrahm, 1 Caféløffel Peperonipurée (rot) sowie je 1 Caféløffel in feinste Würfelchen geschnittene rote und grüne Peperoni beifügen.
Für das Purée 1 rote Peperoni (Paprika) waschen, in Stücke schneiden, in Butter weichdünsten, pürieren und durch ein Sieb streichen.

17. Juni 1978

Saumon cru, sauce au caviar

Ein sehr frisches Lachsfilet in hauchdünne Schnitzelchen schneiden, mit Salz, weissem Pfeffer aus der Mühle, Saft von grünen Zitronen (Lime) und reinem Olivenoel würzen. Während mindestens 2 Stunden kaltstellen.

Sauerrahm mit Salz, weissem Pfeffer aus der Mühle, Cayenne und Meerrettich würzen, eine kleine Dose Kaviar zufügen und sehr kalt servieren.

18. Juni 1978

Salade de poissons

Pro Person je 30 gr. Lachs-Turbot-Sankt-Peter- und Seezungenfilet über Dampf auf den Punkt garen. Noch warm auf Kressesalat anrichten und eine leichte Vinaigrette aus reinem Olivenoel und Zitronensaft darübergeben.

Rouget tiède à la vinaigrette de tomates

Pro Person 1 Rötling filetieren, auf den Punkt garen und auf einer Tomatenvinaigrette anrichten: Tomaten schälen, entkernen, in feinste Brunoise schneiden, mit Salz und weissem Pfeffer aus der Mühle würzen, Frühlingszwiebeln und Basilikum fein schneiden, beifügen, mit Zitronensaft und reinem Olivenoel anmachen.

13. Juli 1978

Blanc de turbot au chou de chine

Pro Person 1 Steinbuttfilet à ca 200 gr. würzen, in Chinakohlblätter wickeln. Eine feuerfeste Form ausbuttern, mit feingeschnittenen Eschalotten und wenig Gemüsejulienne belegen, mit Chablis auffüllen, wenig Fischfond beifügen. Steinbuttfilet in die Form legen, mit Alufolie abdecken und bei 200° im Ofen auf den Punkt garen. Pochierflüssigkeit durch ein Sieb passieren, auf grossem Feuer reduzieren lassen, wenig Rahm beifügen, würzen und die Sauce mit eiskalter Butter binden.

14. Juli 1978

Poulet de Bresse à la vapeur

In einer Couscouspfanne Butter zergehen lassen. 1 feingeschnittene Eschalotte, 1 Karotte, 1 Stück Lauch und Selleriekraut in der Butter dünsten, Estragonzweiglein beifügen, mit Chablis ablöschen, reduzieren, mit Geflügelbrühe auffüllen. Auf die kochende Flüssigkeit das Sieb mit dem gewürzten Poulet setzen, mit dem Deckel gut verschliessen und auf kleinem Feuer während ca 45-50 Minuten garen, wobei das Poulet während den letzten 20 Minuten mit der Brust nach unten zu liegen kommt. Das Poulet an der Wärme ruhen lassen. Die Garflüssigkeit auf grossem Feuer reduzieren lassen, im Mixer, mit dem Gemüse, pürieren, durch ein Sieb passieren, aufkochen, mit wenig Rahm auffüllen, mit Salz, einer Spur Cayenne, Koriander und Curry würzen. Vom Poulet die Haut abziehen, das Fleisch von den Knochen lösen, in Streifen schneiden, auf Teller geben, mit der heissen Sauce nappieren und mit Gemüsejulienne bestreuen.

1. August 1978

Cassolette de cervelle d'agneau à l'ail et au persil

1 Schalotte feinschneiden und in Butter dünsten. 1 geschälte und entkernte Tomate und 1 Zucchetti (klein) in Brunoise schneiden und mitdünsten, mit Salz, weissem Pfeffer aus der Mühle und wenig Zitronensaft würzen. Pro Person 1 Lammhirn wässern, von Häutchen befreien und in Salzwasser, dem man 1 Schuss Essig beifügt, kurz pochieren, auf ein Tuch geben, in Scheiben schneiden, würzen, mit flüssiger Butter bepinseln, in einer Mischung aus feingeriebenem Knoblauch und feingehackter Petersilie wenden. Die Hirnscheiben kurz in Butter sautieren und auf dem Gemüse anrichten.

3. August 1978

Es gibt Augenblicke im Leben, die in der Erinnerung durch nichts auszulöschen sind. Erinnerungen zum Beispiel, die von der Bedeutung her keineswegs tiefgreifende Veränderung schaffen, die aber ein Teil unserer Vergangenheit sind. Sich an sie zu erinnern bedeutet, diese Vergangenheit zurückzuholen und Bilder eines Augenblicks neu einzufangen.

SORBET AUX FRUITS DE PASSION

Hätte ich über die Einmaligkeit eines Fredy Girardet, das Können eines Hans Stucki und die Kompetenz eines Max Kehl verfügt, die Gefahr, daß ein Gericht mißlingen könnte, hätte wohl kaum existiert. Nun war ich aber noch immer die unmündige Köchin, mit Feuer im Herzen und sonst gar nichts.

Der Passionsfrucht bin ich zum ersten Mal in Form eines unvergeßlichen Soufflés bei Fredy Girardet in Crissier begegnet. Die Intensität des Aromas ließ mich die unbezähmbare Lust verspüren, mit dieser Frucht zu experimentieren. Wie sie aussah und wie sie sich verarbeiten ließ, davon hatte ich überhaupt keine Ahnung. (Wen wundert's, wo in den Bergen höchstens Beeren aus dem Wald - und zwar aus dem sommerlichen - zum selbstverständlichen Angebot gehören!) Ich habe mir jedenfalls ein Kistchen Passionsfrüchte besorgt; der stolze Preis von Fr. 78.-- schien mir verantwortbar, glaubte ich wenigstens! Ich stand ratlos vor den Früchten, die weder unter dem Druck der Hände noch durch energische Schüttelbewegungen irgendeinen Inhalt preisgeben wollten. Mit einem Messer schließlich ließ sich die Frucht öffnen und vor mir tat sich eine fürchterlich kleine Welt von Genießbarem auf. Mit aller Sorgfalt holte ich die Kostbarkeit aus der Schale, passierte sie durch ein Sieb, fügte sehr wenig Zuckersirup hinzu und überließ die bescheidene Menge der Sorbetière, leise hoffend, sie würde sich durch den Gefrierprozeß und das im Raume schwebende, rabenschwarze Gewissen vervielfachen! Aber, das Wunder blieb aus. Ich hielt lediglich ein Töpfchen dieser zart duftenden Masse in den Händen, ausreichend für vier Personen. Ich stand vor einem Rätsel - es mußte doch einen Weg geben, der die Investition rechtfertigte! Aber, kannte ich ihn damals? Ich glaube nicht, denn bei diesem Sorbet ist die Rechnung nie aufgegangen, auch nicht unter Berücksichtigung aller Liebe zu meinen Gästen. Oder höchstens nach dem Prinzip: Warenaufwand + allgemeine Unkosten = Idealismus! Des Rätsels Lösung? Ich habe es damals aufgegeben, danach zu suchen - im Bewußtsein vielleicht, es würde nicht bloß die Rentabilität in Frage gestellt...

les figues aux figues

Pro Person 3 frische Feigen mit einer Nadel stechen und in einer Mischung aus Zuckersirup und Liqueur (Danziger Goldwasser) bei 180° im Ofen während 20 Minuten garen. In der Flüssigkeit erkalten lassen. Pochierflüssigkeit mit wenig Saft von grünen Zitronen (Lime) und Doppelrahm verlängern und während mindestens 2 Stunden in ein Eisbad stellen. Die Sauce auf kalte Teller verteilen, die Feigen und 1 Löffel Feigensorbet auf die Sauce setzen.

Für das Feigensorbet werden 1,2 kg frische Feigen geschält, im Mixer mit Zitronensaft püriert. Das Püree durch ein Sieb streichen, mit Zuckersirup auf 18° auffüllen und in der Sorbetière gefrieren lassen.

2. September 1978

Groseilles rouges au fromage blanc

500 gr. Johannisbeeren entstielen, waschen, in einer Schüssel mit Puderzucker ziehen lassen. 100 gr. Rahmquark mit Rahm zu einer glatten Sauce rühren, mit wenig Cassisliqueur parfümieren. Die Beeren und Saft unter den Rahm mischen, auf Teller verteilen und 1 Löffel Johannisbeersorbet auf die Sauce setzen.
Für das Sorbet: 1 kg Beeren waschen, im Mixer pürieren, durch ein Sieb streichen, mit Zuckersirup auf 18° auffüllen und in der Sorbetière gefrieren lassen.

14. September 1978

Cassolette de ris de veau aux champignons des bois

In heisser Butter 1 feingeschnittene Eschalotte dünsten. 250 gr. in Scheiben geschnittene Steinpilze oder kleine, ausgesuchte Pfifferlinge auf grossem Feuer mitdünsten. Mit Salz, weissem Pfeffer aus der Mühle, einer Spur Zitronensaft und Knoblauch würzen. Kleine Kalbsmilkenschnitzel würzen, leicht mehlen und in heisser Butter kurz beidseitig braten. Milkenschnitzel und Pilze auf 4 heisse Pfännchen (Cassolettes) verteilen und mit grobgeschnittener, flachblättriger Petersilie bestreuen.

16. September 1978

Filet de chevreuil et sa garniture

Von einem Rehrücken sorgfältig die Filets auslösen, von Sehnen und Häutchen befreien, würzen und in Olivenoel rosa braten. Die Filets an der Wärme ruhen lassen. Ueberschüssiges Oel ableeren, Bratenfond mit Burgunderwein auflösen, reduzieren, mit Rehjus auffüllen, reduzieren. Mit Salz, weissem Pfeffer aus der Mühle, einer Spur Cayenne und Cognac würzen. 1 Esslöffel Johannisbeergelée (oder Preiselbeergelée) in die Sauce geben, passieren, aufkochen und mit wenig Rahm binden.

Petersilie von Stielen befreien, waschen, in kochendem Salzwasser kurz blanchieren, in Eiswasser abschrecken. Die Petersilie in schäumender Butter kurz dünsten, mit Salz, weissem Pfeffer aus der Mühle und einer Spur Muskat würzen. Ausgesuchte Steinpilze in einem Tuch sauber machen, würzen und in wenig Olivenoel Pilzscheiben beidseitig braten. Rehfilets in Scheiben schneiden, mit dem Petersiliengemüse und den Steinpilzen dekorativ auf Teller anrichten.

19. September 1978

Ragoût de chevreuil aux girolles

1 kg Rehfleisch (ohne Knochen) würzen und in einer Olivenöl-Buttermischung rösten, in Scheiben geschnittenes Gemüse (Karotten, Sellerie, Lauch und Eschalotten) zufügen und mitrösten, mit Burgunderwein ablöschen, reduzieren, mit Rehjus auffüllen, ein Gewürzsträusschen beifügen. Das Fleisch auf kleinem Feuer, zugedeckt, garkochen. Das Fleisch aus der Sauce stechen und warmstellen. Die Sauce durch ein Sieb passieren, aufkochen und mit pürierter Leber vom Reh und Blut binden, nicht mehr kochen lassen. Mit Salz, weissem Pfeffer aus der Mühle, einer Spur Cayenne und Cognac würzen.

Kleine, ausgesuchte Pfifferlinge in heisser Butter dünsten, mit Salz, weissem Pfeffer aus der Mühle und Zitronensaft würzen und in die heisse Sauce geben.

21. September 1978

Médaillons de lotte aux poireaux

6 Seeteufelmédaillons à 50 gr. würzen und über Dampf glasig garen.
Für das Lauchköpfchen: 100 gr. feingeschnittener Lauch (der mittlere, hellgrüne Teil) in Butter weichdünsten und darauf achten, dass sämtliche Flüssigkeit verdampft. Pürieren, mit Salz und weissem Pfeffer aus der Mühle würzen. 60 gr. Eiweiss schlagen, unter das Purée ziehen, in gebutterte Förmchen füllen, mit Alufolie abdecken und im Wasserbad ca 12 Minuten bei 250° im Ofen garen.
Für die Sauce 100 gr. feingeschnittenen Lauch (der weisse Teil) in Butter weichdünsten, pürieren, mit dem reduzierten Fischfond verlängern, mit wenig Rahm auffüllen, würzen und 60 gr. eiskalte Butter in die Sauce schlagen. Sauce auf Teller geben, Seeteufelmédaillons und Lauchköpfchen dekorativ auf Sauce setzen, mit grünen Lauchstreifen bestreuen.

3. Oktober 1978

Boeuf braisé à ma façon

1,5 kg gespickte Rindshuft von allerbester Qualität würzen und in Olivenoel anbraten. 1/2 Kalbsfuss und 1 Stück Speckschwarte in kochendem Wasser kurz blanchieren, trocknen und mitrösten. 1 Stück Lauch, 1 Karotte, 4 Eschalotten, 1 Stück Sellerie und 1 Knoblauchzehe in Scheiben schneiden, zufügen, 1 Esslöffel Tomatenmark beigeben. Mit 7 dl Burgunder ablöschen, reduzieren, mit Kalbsjus auffüllen und das Fleisch, zugedeckt, auf kleinem Feuer weichschmoren. Fleisch aus der Pfanne nehmen und an der Wärme ruhen lassen. Sauce durch ein Sieb passieren und mit dem Gemüse im Mixer pürieren, aufkochen, würzen und die Sauce mit wenig Cognac abrunden. Das Fleisch in Scheiben schneiden, mit der heissen Sauce überziehen und mit kleinen, tournierten Gemüse garnieren.

10. Oktober 1978

Kouglof glacé

4 Eigelb, 1 ganzes Ei und 80 gr. Zucker im Wasserbad schaumig schlagen, abkühlen lassen. 100 gr. grobgehackte Schokolade, 150 gr. grobgestossenen Krokant, 70 gr. kandierte Früchte (die während 1/2 Stunde in Cacaoliqueur eingelegt werden) und 1 dl. Cacaoliqueur zur Eiermasse geben. 1/2 lt. Rahm schlagen, vorsichtig unter die Masse ziehen. 4 Eiweiss steifschlagen, zur Masse geben und in eine entsprechende Gugelhopfform füllen. Während mindestens 12 Stunden tiefgefrieren und stürzen. Mit eiskalter Schokoladensauce servieren.

Sauce au chocolat

150 gr. Zartbitterschokolade mit 2 Esslöffel Wasser im Wasserbad auflösen, erkalten lassen und mit Rahm auffüllen.

Krokant

500 gr. Zucker caramelisieren, 150 gr. blättrig geschnittene Mandeln zufügen, diese Masse auf leicht geöltes Blech geben, erkalten lassen, hacken.

4. Dezember 1978

crème renversée à l'ananas

1/8 l Milch mit 1/4 Vanilleschote aufkochen und ziehen lassen. 2 Eigelb und 50 gr. Zucker schaumig schlagen, die heisse Milch zugeben, zurück in die Pfanne, vor den Siedepunkt bringen, vom Herd ziehen. 2 Blatt Gelatine auflösen, unter die Masse rühren, durch ein Sieb passieren und erkalten lassen. Die Masse glattrühren, feinste Ananaswürfelchen und ein Liqueurglas Rum (weiss) zufügen. 1 1/2 dl. Rahm schlagen und vorsichtig unter die Masse ziehen, in entsprechende Förmchen füllen und während mindestens 6 Stunden im Kühlschrank erstarren lassen. Auf Teller stürzen und mit der kalten Ananassauce umgiessen.
Für die Sauce Ananas, Puderzucker, Orangen- und Zitronensaft im Mixer pürieren, durch ein Sieb streichen.

12. Dezember 1978

Cassolettes de coquilles St. Jacques aux pommes

1 Eschalotte, 1 Knoblauchzehe, 1 Fenchel mit Kraut feinschneiden und in wenig Olivenoel dünsten, Petersilienstengel, Thymian und Zitronenschale beifügen, mit 2 dl Fischfond und 1 dl Apfelwein auffüllen und auf kleinem Feuer, während 30 Minuten leise köcheln lassen.

1 Apfel schälen, entkernen, in Scheiben schneiden und in Butter mit wenig Zucker und Zitronensaft caramelisieren lassen.

Pro Person 3 Nüsschen von Jakobsmuscheln würzen, auf das Gemüse setzen, auf den Punkt garen und auf den Apfelscheiben anrichten. Gemüse auf ein Sieb geben, gut ausdrücken, die aufgefangene Flüssigkeit aufkochen, eventuell reduzieren, mit eiskalter Butter montieren, würzen und über die Nüsschen geben.

21. Dezember 1978

Escalopes de foie de canard au persil

Pro Person 1 Entenleberschnitzel à ca 60 gr. Würzen, leicht mehlen und in heisser Butter kurz braten, auf Petersiliengemüse anrichten. Rohe Champignons sauber machen, in Scheiben schneiden, würzen, mit Zitronensaft beträufeln, dekorativ neben das Entenleberschnitzel legen, das Ganze mit einer leichten Nussölvinaigrette überziehen, der man feingeschnittene Eschalotten beifügt.

31. Dezember 1978

Feuilleté au foie de lapereau

400 gr. Zwiebeln in feinste Brunoise schneiden und in viel frischer Tafelbutter während ca 30 Minuten, zugedeckt und unter ständiger Kontrolle, goldbraune Farbe nehmen lassen. Mit Sherry ablöschen, mit Doppelrahm auffüllen, reduzieren, mit Salz, weissem Pfeffer aus der Mühle und einer Spur Cayenne würzen. Kaninchenleber putzen, in Streifen schneiden, würzen und in heisser Butter steif und rosa braten. Zwiebelgemüse in Blätterteigpastetchen füllen, Leber beifügen und sofort servieren.

3. Januar 1979

Salade aux coeurs d'artichauts et foie de canard

Pro Person 3 gekochte Artischockenherzen und 60 gr. frische Entenleber (foie gras).
1 Herzchen in die Mitte eines Tellers setzen, die restlichen Herzen vierteln, im Kranz anordnen.
Entenleber in Schnitzelchen schneiden, würzen, leicht mehlen und in heisser Butter kurz braten, zwischen die Artischockenviertel setzen. Eine leichte Nussoelvinaigrette über den Salat geben.

Vinaigrette à l'huile de noix

Salz, weisser Pfeffer aus der Mühle, eine Spur Cayenne, 1 dl Nussoel, 2 Esslöffel Sherry-essig und Honigwasser zu einer Sauce rühren.
Für das Honigwasser 1 dl Wasser aufkochen, 1 Caféelöffel Honig dazugeben, auflösen, erkalten lassen. Der Sauce soviel Honigwasser beimischen, bis das geschmacklich richtige Verhältnis erreicht ist.

18. Januar 1979

Salade aux aiguillettes de caille

Pro Person 3 ausgelöste Wachtelbrüstchen würzen, rosa braten, fächerartig aufschneiden, auf ein Bett von gelbem Friséesalat anrichten, mit gekochten (3 Minuten) halbierten Wachteleiern garnieren, mit einer leichten Nussölvinaigrette übergiessen und mit feingeschnittenem Schnittlauch bestreuen.

Die Wachteln werden weiterverwendet für die Wachtelconsommé.

Salade de lapereau au vinaigre de framboises

Pro Person das Filet eines Jungkaninchens rosa braten, in feine Scheiben schneiden, 20 gr. Trüffelscheiben beifügen und das Ganze während 30 Minuten in einer Himbeeressigsauce ziehen lassen. Auf Teller anrichten und mit gekochten, ausgestochenen Karottenhäschen garnieren. Für die Sauce 1 Esslöffel Himbeeressig, 2 Esslöffel Nussöl mit Salz, weissem Pfeffer aus der Mühle und Cayenne verrühren.

3. Februar 1979

Blanc de Saint-Pierre aux carottes et truffes

Pro Person 2 Sankt-Petersfischfilet würzen und über Dampf auf den Punkt garen.
Die Fischflüssigkeit passieren, mit 2 Esslöffel Sauternes reduzieren, 2 Esslöffel Rahm zufügen sowie ein 1 Esslöffel Karottenpurée, mit Salz, Cayenne, weissem Pfeffer aus der Mühle würzen und mit eiskalter Butter zu einer sämigen Sauce schlagen.
In Butter Karotten- und Trüffeljulienne dünsten, würzen.
Die heisse Sauce auf Teller geben, die Filets auf die Sauce legen, Karotten- und Trüffeljulienne auf die Filets streuen.
Für das Karottenpurée werden Karotten geschält, in Butter, mit wenig Zucker, weichgedünstet und im Mixer püriert.

12. Februar 1979

Tripes au safran

600 gr. gekochte Kutteln in Streifen schneiden.
In einer Olivenoel-Buttermischung feinge-
schnittene Eschalotten dünsten, grobe Ge-
müsejulienne (Karotten-Sellerie-Lauch) zu-
fügen, mitdünsten, Kutteln beifügen, mit
Salz, weissem Pfeffer, Coriander und Safran
würzen, mitdünsten, mit Weisswein ablöschen,
reduzieren, mit Poulelfond auffüllen und zu-
gedeckt, auf kleinem Feuer, weichschmoren.
(ca 30 Minuten) Die Sauce mit wenig Doppel-
rahm verlängern, mit Armagnac abschmecken.
Das Gericht mit ca 2 cm langen Schnittlauch-
streifen bestreuen.

18. Februar 1979

Paupiettes de veau aux nouilles vertes

Pro Person 3 Kalbsfiletmédaillon à 50 gr. klopfen, würzen. Aus einer frischen Entenleber 1 cm dicke Stäbchen schneiden, würzen, leicht mehlen, in heisser Butter kurz braten, auf das Fleisch legen, einrollen und binden. Die Paupiettes kurz in heisser Butter anbraten, an die Wärme stellen. Ueberschüssige Butter ableeren, frische Butter in die Pfanne geben, pro Person 20 gr. Trüffeljulienne dünsten, mit Weisswein (!) ablöschen, reduzieren, Geflügel- oder Kalbsjus beigeben, reduzieren, mit wenig Doppelrahm die Sauce binden. Mit Salz, weissem Pfeffer aus der Mühle, einer Spur Cayenne und Armagnac würzen. Mit frischen Spinatnudeln servieren.

21. Februar 1979

Cuisses de canard au vieux Bourgogne

4 Schenkel von Bresse-Enten würzen und in Olivenoel goldbraun anbraten. Schenkel aus der Pfanne nehmen, überschüssiges Oel ableeren. 2 Karotten, 1 kleine Sellerieknolle, 1 kleiner Lauch, 4 Eschalotten in Scheiben schneiden und rösten, wenig Tomatenmark einfügen und mitrösten. Petersilienstengel, 1 Knoblauchzehe und frische Thymianzweiglein beigeben und mit 1 Flasche Burgunderwein ablöschen, auf grossem Feuer reduzieren lassen, mit 2 dl Entenfond auffüllen, die Schenkel in die Sauce legen und auf kleinem Feuer, zugedeckt, weichschmoren lassen. Schenkel aus der Sauce stechen, warmstellen. Die Sauce mit dem Gemüse im Mixer pürieren, durch ein Sieb streichen, aufkochen, würzen, mit wenig Armagnac abrunden. Das Fleisch von den Knochen lösen, mit der heissen Sauce auf Teller geben und mit kleinen, tournierten Gemüse garnieren.

19. März 1979

Feuilleté au ris d'agneau

Feingeschnittenen, weissen Lauch kurz in Salzwasser blanchieren, auf ein Sieb geben.
1 feingeschnittene Eschalotte in Butter dünsten, Lauch beifügen, mitdünsten, mit Doppelrahm auffüllen und reduzieren. Mit Salz, weissem Pfeffer aus der Mühle und einer Spur Cayenne würzen.
Blanchierte Lamm-Milken in Scheiben schneiden, würzen, leicht mehlen und in Butter beidseitig kurz braten. Rahmlauch in heisse Blätterteigpastetchen füllen und mit den Milkenscheiben belegen. Sofort servieren.

16. April 1979

Queues de langoustines aux nouilles fraiches et basilic

2 kg frische Langustinenschwänze ausbrechen, Darm entfernen, würzen und über Dampf auf den Punkt garen.
Pro Person 30 gr. frische Nudeln in viel Salzwasser „al dente" kochen, in Butter schwenken, würzen. Basilikum in Streifen schneiden, unter die Nudeln mischen, auf feuerfeste Teller verteilen. Unter die heisse Sauce wenig geschlagenen Rahm ziehen. Langustinenschwänze auf die Nudeln geben, mit der Sauce grosszügig überziehen und im heissen Ofen oder unter dem Grill kurz gratinieren.
Für die Sauce: die Krebskörper in wenig Olivenoel rösten, 1 feingeschnittene Eschalotte, Gemüsejulienne, Petersilienstengel, 1 Esslöffel Tomatenmark mitrösten, mit wenig Armagnac ablöschen, reduzieren, mit 1/2 lt. Weisswein auffüllen (eventuell Geflügel- oder Fischfond zugeben, bis die Körper bedeckt sind). Auf kleinem Feuer während ca 20 Minuten leise köcheln lassen. Die Körper auf ein Sieb geben, die Flüssigkeit durch ein Sieb und dann ein Tuch passieren, aufsetzen und auf kleinem Feuer auf ein Drittel reduzieren

lassen. Mit 2 dl. Doppelrahm auffüllen, mit Salz, weissem Pfeffer aus der Mühle, einer Spur Cayenne und Armagnac würzen und mit eiskalter Butter binden.

Diese Sauce kann auch für das Hechtsavarin verwendet werden, wobei der Sauce kein geschlagener Rahm unterzogen wird.

10. Juni 1979

Nouilles fraiches

500 gr. Mehl von bester Qualität, 5 ganze Eier und 3 Esslöffel Olivenoel von allerbester Qualität zu einem Teig kneten und, zugedeckt, während einer Stunde ruhen lassen. Den Teig mit einem Teigholz dünn ausrollen, die Teigfladen wenig antrocknen lassen und dann in mehr oder weniger schmale Streifen schneiden. Die Nudeln in viel Salzwasser kochen, abschütten, in frischer Butter wenden und würzen.

Für Spinatnudeln wird dem Grundteig wenig Spinatpurée beigemischt.

10. Juni 1979

Savarin de brochet au ragoût de queues de langoustines

250 gr. Hechtfilet pürieren, 1 Eiweiss zufügen. Eine Schüssel auf Eis stellen und die Masse durch ein Sieb in die Schüssel streichen, 30 Minuten in den Kühlschrank stellen. 2,5 dl Doppelrahm unter die Masse arbeiten, mit Salz, Cayenne, weissem Pfeffer aus der Mühle Zitronensaft und Cognac (sehr wenig) würzen, kaltstellen. Savarinförmchen ausbuttern, die kalte Hechtmasse einfüllen und im Wasserbad, während 20 Minuten, bei 180° im Ofen pochieren.
Für die Füllung 4 Langustenschwänze ausbrechen, Darm entfernen, würzen, auf den Punkt garen, in Scheiben schneiden, unter die heisse Sauce ziehen und die Savarin füllen.
Für die Sauce kann das Rezept der Krebssauce verwendet werden.

12. Juni 1979

Consommé de cailles

10 Wachteln waschen, in viel kochendem Wasser blanchieren, auf ein Sieb geben und mit kaltem Wasser abspülen.
3 dl kaltes Wasser aufsetzen, Wachteln, 2 ungeschälte, in Scheiben geschnittene Zwiebeln, 1 Lauchstengel, 1 Karotte, 1 Stück Sellerie (Gemüse in Scheiben schneiden), Petersilienstengel und 1 Thymianzweiglein beigeben. Aufkochen lassen und auf kleinstem Feuer während 3 Stunden schwach kochen lassen, ständig abschäumen, auf ein Sieb geben und durch ein Tuch passieren.
Die Consommé aufsetzen, während 1/2 Stunde auf kleinstem Feuer ziehen lassen, mit Salz, weissem Pfeffer aus der Mühle, einer Spur Cayenne und Armagnac würzen.
Gekochtes, ausgestochenes Gemüse, gezupfte, flachblättrige Petersilie (nicht schneiden) und Wachteleigelb in Tassen geben und mit der heissen Consommé auffüllen.

16. Juni 1979

Salade de langues d'agneau à la menthe

Für 2 Personen eine frische, gesalzene Lammzunge während ca 20 Minuten im Dampfkochtopf kochen, sofort schälen und erkalten lassen. Die Zunge in hauchdünne Scheiben schneiden, auf Teller anrichten, mit einer leichten Nussoelvinaigrette überziehen, der man frischgehackte Pfefferminzblättchen beifügt.

Salade de coeurs de canette aux petits pois

Entenherzen würzen, in heisser Butter rosa braten und 5 Minuten ruhen lassen, halbieren. Frische, ausgelöste Erbsen in viel Salzwasser kochen, in Eiswasser abschrecken, in einer Nussoelvinaigrette, der man frischgehackte, flachblättrige Petersilie beimengt, ziehen lassen. Die Herzen und den Erbsensalat hübsch auf einem Teller anrichten, die restliche Sauce über die Herzen geben.

21. Juni 1979

Salade de ris de veau à la crème de cerfeuil

Pro Person 60 gr. Kalbsmilkenschnitzelchen würzen, leicht mehlen und in heisser Butter beidseitig goldgelb braten, auf Kopfsalatherzen anrichten und mit einer Kerbelrahmsauce übergiessen.
Kerbelsauce: Saft einer halben Zitrone, 1 Esslöffel Nussoel, 2 Esslöffel Rahm, Salz, Cayenne, weisser Pfeffer aus der Mühle zu einer Sauce rühren und viel frischgezupften Kerbel zugeben.

Salade aux foies blonds

Pro Person 70 g sauber geputzte Hühnerleber trocknen, würzen, in heisser Butter steif und rosa braten. Junge, feinste Spinatblättchen waschen, entstielen, auf Teller geben. Die Leber auf das Spinatbett legen, mit einer leichten Nussoelvinaigrette übergiessen, der man feingehackte Eschalotten und grobgeschnittene, flachblättrige Petersilie beigemischt hat.

23. Juni 1979

Rognons d'agneau en feuilleté

lammnierchen putzen, würzen, in heisser Butter rosa braten, einen moment ruhen lassen, in scheiben schneiden.
Junger Blattspinat in schäumender Butter schwenken, mit salz, weissem Pfeffer aus der mühle, einer spur cayenne, muskat und knoblauch würzen, mit Doppelrahm binden. Heisse Blätterteigpastetchen mit Rahmspinat füllen, nierenscheiben auf den spinat legen und sofort servieren.

24. Juni 1979

Pigeon à la chiffonade de laitue

Pro Person 100 gr. Kopfsalatherzen waschen, kochen und in feine Streifen schneiden.
1 feingeschnittene Eschalotte in Butter dünsten, Salatstreifen beifügen, mitdünsten, mit Salz, weissem Pfeffer aus der Mühle und wenig Zitronensaft würzen.
1 junges Täubchen vorbereiten, binden, würzen, in Butter langsam rosa braten, an der Wärme ruhen lassen. Überschüssige Butter ableeren, Bratenfond mit wenig Rotwein auflösen, reduzieren, mit eiskalter Butter montieren und frischgezupften Majoran in die Sauce geben, würzen.

26. Juni 1979

Grenadine de lotte au beurre de tomates

Pro Person 3 Seeteufelmédaillons à 50 gr. würzen, in Ei und weissem Paniermehl wenden, in Butter goldgelb braten und auf Tomatensauce setzen.
Für die Sauce 1 Eschalotte feinhacken, in Butter dünsten, 400 gr. geschälte und entkernte Tomaten in feine Würfel schneiden, mitdünsten, mit Salz, weissem Pfeffer aus der Mühle, einer Spur Cayenne und Zucker, und einer feingehackten Knoblauchzehe würzen, mit 1 dl Geflügelbrühe auffüllen. Das Ganze im Mixer pürieren, durch ein Sieb streichen, aufkochen und neben dem Herd 100 gr. eiskalte Butter in die Sauce schlagen, feingeschnittenes Basilikum beifügen.

9. Juli 1979

Salade de queues de langoustines à l'huile d'olive

Frische Langustinenschwänze ausbrechen, Darm entfernen, würzen und über Dampf auf den Punkt garen.
Jungen Spinat auslesen, entstielen, in viel Wasser möglichst schnell waschen und auf einem Tuch trocknen. Spinat und Langustinen dekorativ auf Teller anrichten und eine Olivenoel-Vinaigrette darübergeben.

Soupe de fraises des bois

Vollreife Walderdbeeren verlesen, besonders schöne Früchte aussortieren. Die restlichen Beeren mit einer Gabel zerdrücken, Puderzucker, Zitronen- und Orangensaft, sowie feingeschnittene, frische Pfefferminze und flüssigen Rahm beifügen, kalt stellen. Die eiskalte, homogene Suppe in Gläser füllen, die aussortierten Beeren zugeben und mit bestem Champagner auffüllen.

12. Juli 1979

Pigeon aux petits oignons glacés

Pro Person 1 junges Täubchen ausnehmen, (die Leber belassen) binden, würzen und in Butter langsam rosa braten, an der Wärme ruhen lassen. Überschüssige Butter ableeren, Bratensatz mit wenig Rotwein auflösen, reduzieren und mit eiskalter Butter binden, würzen.
100 gr. Frühlingszwiebelchen in einer Pfanne flach anordnen, knapp mit Wasser bedecken, 1 Esslöffel Butter und Zucker zufügen, vorsichtig salzen und auf kleinem Feuer leise köcheln lassen, bis Wasser verdampft ist und die Zwiebelchen eine goldgelbe Farbe angenommen haben.
Täubchen auf Teller legen, mit dem Jus und den Zwiebelchen servieren.

21. Juli 1979

Coquelet à l'estragon

Von einem Hähnchen à ca 500 gr. sorgfältig Brüstchen und Schenkel auslösen. Die Schenkel mit der rosa gebratenen Leber füllen, verschliessen, würzen und in heisser Butter auf den Punkt braten, an die Wärme stellen. Die Brüstchen würzen und während 2-3 Minuten rosa braten, warmstellen. Überschüssige Butter abgiessen, Bratenfond mit Estragonessig auflösen, einreduzieren lassen, mit wenig trockenem Weisswein ablöschen, reduzieren, mit je 2 Esslöffel Poulетfond und Doppelrahm auffüllen. Mit Salz, weissem Pfeffer aus der Mühle, einer Spur Cayenne und Curry würzen, und frische Estragonblättchen in die Sauce geben. Die heisse Sauce auf den Teller geben, die Brüstchen und Schenkel dekorativ auf der Sauce anrichten.

29. Juli 1979

Lapereau au vin de Chablis

Das Fleisch eines Kaninchens (ohne Knochen) in Stücke schneiden und in ein entsprechendes Gefäss geben. 1 Karotte, 1 kleinen Lauch, 1 Stück Sellerie mit Kraut, 2 Eschalotten in Scheiben schneiden, zum Fleisch geben, weisse Pfefferkörner, 1 Thymianzweig, Petersilienstengel und 1 Flasche Chablis beifügen und während 48 Stunden im Kühlschrank stehen lassen. Das Fleisch auf ein Sieb geben, trocknen, würzen und in Olivenoel scharf anbraten. Die aufgefangene Marinadenflüssigkeit aufkochen, durch ein Sieb passieren. Fleisch aus der Pfanne nehmen, überschüssiges Oel abschütten, das Marinadengemüse in frischer Butter, zusammen mit Tomatenmark rösten, mit der Marinadenflüssigkeit ablöschen, um 2/3 reduzieren lassen, mit Kaninchenfond auffüllen. Das Fleisch in der Sauce auf kleinem Feuer weichschmoren. Das Fleisch aus der Sauce stechen, Gemüse und Sauce im Mixer pürieren, durch ein Sieb streichen, aufkochen, abschmecken und heiss über das Fleisch geben.

3. August 1979

Glace à la vanille

7,5 dl Milch zusammen mit einer aufgeschnittenen Vanilleschote aufkochen. 8 Eigelb und 275 gr. Zucker schaumig schlagen. Die kochende Milch zur Eier-Zuckermasse geben. In einem Kochtopf, unter ständigem Rühren, die Masse kurz vor das Kochen bringen, durch ein Sieb passieren und erkalten lassen. 1,5 dl Rahm schlagen, unter die Masse ziehen und in der Sorbetière gefrieren.
Vanilleeis lässt sich besonders gut mit einer Sauce aus frischen Früchten kombinieren, zum Beispiel mit Aprikosen:

Reife und besonders aromatische Aprikosen waschen, vom Stein lösen, mit Puderzucker, Orangen- und Zitronensaft im Mixer pürieren, durch ein Sieb streichen und kaltstellen. Die Sauce auf Teller verteilen, 2 Esslöffel Vanilleeis auf die Sauce setzen, mit Aprikosenblättchen garnieren.

4. August 1979

Glace à la vanille aux deux sauces

2 Esslöffel Vanilleeis auf kalte Teller setzen, die eine Hälfte mit Champagnersabayon, die andere Hälfte mit Himbeersauce überziehen. Ausgesuchte, frische Himbeeren dazwischen setzen.
Für das Champagnersabayon werden 2 Eigelb, 60 gr. Zucker und 1 dl. Champagner im Wasserbad schaumig geschlagen
Für die Himbeersauce werden besonders aromatische Beeren, zusammen mit Puderzucker und Zitronensaft im Mixer püriert und anschliessend durch ein Sieb passiert.

4. August 1979

les mangues aux mangues

1 kg Mangofrüchte schälen, vom Stein lösen und mit Zitronensaft im Mixer pürieren, durch ein Sieb streichen, mit Zuckersirup auf 18° auffüllen und in der Sorbetière gefrieren.

Mangofrüchte schälen, in Scheiben schneiden, dekorativ auf Teller legen, 1 Löffel Mango-sorbet zwischen die Früchte setzen und mit Rumsabayon servieren.

Rumsabayon: 2 Eigelb, 60 gr. Zucker und 1/2 dl Rum (weiss) im Wasserbad während 8 Minuten schaumig schlagen und anschliessend wieder kaltschlagen.

6. August 1979

Soufflé aux mangues

150 gr. Patisseriecrème und 150 gr. Mangopurée mischen. 3 Eiweiss steifschlagen, sorgfältig unter die Masse ziehen, in eine ausgebutterte Souffléform füllen und während 20 Minuten bei 200° im Ofen gehen lassen. (Auf keinen Fall Ofentüre öffnen.) Sofort servieren.

<u>Für die Patisseriecrème</u>: 1/4 lt Milch aufkochen. 1 ganzes Ei und 2 Eigelb zusammen mit 30 gr. Mehl und 30 gr. Maizena gut verrühren, die heisse Milch unter ständigem Rühren zufügen, in die Pfanne geben und während 2 Minuten gut durchkochen lassen, durch ein Sieb passieren und erkalten lassen.

8. August 1979

Cuisses de grenouilles en salade

Pro Person 12 Froschschenkel würzen, mit feingehackten Eschalotten, Knoblauch und Basilikum bestreuen und in heisser Butter kurz sautieren, auf Küchenpapier geben. Das Fleisch von den Knochen lösen und in einer Olivenoelvinaigrette kurz ziehen lassen. Auf Salatbett anrichten.

Cuisses de grenouilles en feuilleté

Junge Erbsen in viel Salzwasser kochen, in Eiswasser abschrecken, auf ein Sieb geben.
In Butter eine feingehackte Eschalotte und feingeschnittene Salatherzen dünsten, würzen, mit wenig Zitronensaft beträufeln, mit Vermouth ablöschen, reduzieren, mit wenig Rahm binden, Erbsen zufügen, in der Sauce heiss werden lassen. Froschschenkel nach dem beschriebenen Prinzip in Butter sautieren, in Blätterteigpastetchen füllen, Rahmerbsen dazugeben.

9. August 1979

Cuisses de Poularde de Bresse au Xérès

Pro Person 1 Schenkel einer Bresse-Poularde würzen und in Butter, zugedeckt, während ca 25 Minuten auf den Punkt garen, aus der Pfanne nehmen, an die Wärme stellen. Überschüssige Butter ableeren, 1 feingeschnittene Echalotte anziehen, mit Sherry-essig ablöschen, völlig einreduzieren lassen, 1 Liqueurglas Sherry beifügen, reduzieren, wenig Poulet-fond zugeben, die Sauce mit 2 Esslöffel Doppelrahm binden, würzen, durch ein Sieb passieren. 1 Caféslöffel, in Sherry eingelegte, Rosinen und 1/2 Caféslöffel eingelegte, rote Pfefferkörner in die heisse Sauce geben.

16. August 1979

les pommes aux pommes

Aepfel (Granny Smith) schälen, Stielansatz und Kernhaus entfernen, in Schnitze schneiden, in einer Mischung aus Zuckersirup, Zitronensaft, Sauternes knapp garkochen, die Aepfel in der Flüssigkeit erkalten lassen.
Für das Sorbet 1 kg Aepfel schälen, in Schnitze schneiden, in 3 dl Zuckersirup, 1 dl Zitronensaft und 1 dl Sauternes garkochen (1/2 Vanilleschote und Zitronenschale mitkochen).
Die Aepfel in der Flüssigkeit erkalten lassen, im Mixer pürieren, durch ein Sieb streichen, 1/2 dl Calvados beifügen, erkalten lassen, in die Sorbetière geben.
Für die Sauce Schale einer grünen Zitrone (Lime) in Julienne schneiden, blanchieren, mit 1 dl Zuckersirup solange kochen, bis der Zucker zu caramelisieren anfängt, mit 1/2 dl Limesaft ablöschen, erkalten lassen, mit Doppelrahm auffüllen und die Sauce während 2 Stunden in einem Eisbad belassen.
Sauce auf Teller verteilen, Sorbet und Apfelschnitze auf die Sauce setzen und mit Apfelblättchen garnieren.

21. August 1979

Salade d'automne

Ein kaltes, rosa gebratenes Rehfilet in dünne Scheiben schneiden, auf Friséesalat anrichten. Rehleber putzen, in Scheiben schneiden, würzen und kurz in heisser Butter sautieren, auf Salat geben. Kleine, ausgesuchte Pilze (Steinpilze in Scheiben schneiden, Pfifferlinge ganz lassen) würzen mit Salz, weissem Pfeffer aus der Mühle und Zitronensaft, zwischen die Rehfilet-scheiben setzen. Geschälte Baumnüsse auf den Salat geben und das Ganze mit einer Nussölvinaigrette überziehen.

16. September 1979

Canard sauvage aux mangues

1 junge Wildente vorbereiten, würzen und im heissen Ofen saignant braten, die Haut abziehen, Schenkel und Brüstchen sorgfältig auslösen und an der Wärme ruhen lassen. Haut in Streifen schneiden, Karkasse klein hacken. Überschüssige Bratenbutter ableeren, frische Butter in die Pfanne geben, 2 feingeschnittene Eschalotten und wenig Gemüsejulienne in * der Butter Farbe nehmen lassen, Karkasse und Entenhaut zugeben und mitrösten. Mit bestem Rotwein ablöschen, reduzieren, mit wenig Enten- oder Pouletjus auffüllen, durch ein Sieb passieren, nochmals aufkochen, reduzieren, mit Salz, weissem Pfeffer aus der Mühle und Armagnac würzen. Fleisch fächerartig aufschneiden und mit heissen Mangostückchen dekorativ anrichten. Die Leber der Wildente würzen, in heisser Butter steif und rosa braten und auf Petersiliengemüse anrichten.

* und 1/2, in Scheiben geschnittene Mango

17. September 1979

consommé de canard aux raviolis

Mit 1 Ente à ca 2 kg die consommé nach dem Rezept der Wachtelsuppe herstellen. Für die Raviolis wird ein Nudelteig dünn ausgerollt, in runde Plätzchen ausgestochen und mit folgender Masse gefüllt: 300 gr. Spinat waschen, kochen, in feine Streifen schneiden. 1 feingeschnittene Eschalotte in Butter dünsten, Spinat zufügen, mitdünsten bis alle Flüssigkeit verdampft ist, mit Salz, weissem Pfeffer aus der Mühle, einer Spur Cayenne, Muskat und Knoblauch würzen. Entenleber pürieren und unter den Spinat mischen. Die Raviolis kurz in Salzwasser kochen, in Tassen verteilen, mit der heissen consommé auffüllen.

18. September 1979

consommé de poissons à la fondue de tomates

1 Karotte, 2 Eschalotten, 2 Knoblauchzehen,
1 Fenchel mit Kraut und 1 kleiner Lauch klein-
schneiden und in Olivenoel langsam dünsten,
Petersilienstengel, Thymian und Zitronen-
schale beifügen, vorsichtig mit Safran würzen.
Sole- und Steinbuttgräte sowie Krebsschalen
auf das Gemüse legen und zugedeckt, auf
kleinem Feuer, während 10 Minuten ziehen
lassen. Mit 1/2 dl trockenem Weisswein ablöschen,
reduzieren, mit je 1/2 dl Gemüse- und Hühner-
bouillon auffüllen, 2 zerdrückte Tomaten zu-
fügen und während 30 Minuten leise
köcheln lassen, ständig abschäumen. Die
consommé auf ein Sieb geben, Gemüse gut
ausdrücken, die aufgefangene Flüssigkeit
durch ein Tuch passieren, aufkochen, würzen.
Pro Person 1 geschälte, entkernte Tomate
in Brunoise schneiden. 1 feingeschnittene
Eschalotte und 1/2 Knoblauchzehe in Butter
dünsten, Tomaten beifügen, kurz mitdüns-
ten, mit Salz, weissem Pfeffer aus der
Mühle und Basilikum würzen, in heisse,
tiefe Teller geben.
Pro Person je 30 gr. Lachs- Sole- und Stein-

buttfilet und 1 Langustinenschwänzchen würzen und über Dampf knapp auf den Punkt garen. Die Fische auf die Tomaten legen, mit kleinen Basilikumblättchen bestreuen und mit der heissen Consommé auffüllen.

Pêche blanche au coulis de framboises et au sabayon de sauternes

Blätterteigpastetchen in der Grösse einer halben Pfirsich herstellen und backen. Vollreife Himbeeren mit Puderzucker und wenig Zitronensaft im Mixer pürieren, durch ein Sieb streichen.

Für 2 Personen 1 weissen Pfirsich blanchieren, Haut abziehen und in Zuckersirup, dem man Zitronensaft beifügt, pochieren, vom Stein lösen.

Himbeermark in Pastetchen füllen, Pfirsichhälfte auf das Mark setzen und mit Sabayon nappieren.

Für Sabayon: 1/2 dl Sauternes und 1 Eigelb im Wasserbad schaumig schlagen, 30 gr. Zucker zufügen und kaltschlagen.

16. Juli 1979

INHALT

Salate

Vorspeisen

Suppen

Fische

Geflügel

Innereien

Fleisch

Beilagen

Methoden

Desserts

ERKLÄRUNGEN

abschäumen	von kochenden Brühen und Saucen Fett und Eiweißschaum abschöpfen
ablöschen	Bratensatz auflösen
al dente	Teigwaren und Gemüse so kochen, daß sie noch «Biß» haben
anziehen	unter Wenden anbraten, ohne Farbe nehmen zu lassen
à part	getrennt servieren
blanchieren	überbrühen
Brunoise	in kleine Würfel geschnittenes Gemüse
caramelisieren	in Zucker bräunen
Chablis	sehr trockener französischer Weißwein aus dem Département Yonne
Cocotte	feuerfestes Geschirr
filetieren	Filets aus den Fischen lösen
Fond	Grundbrühe für helle Saucen
gratinieren	im Backofen oder Grill bei starker Hitze überkrusten lassen
Julienne	in feine Streifen schneiden
Jus	nicht gebundener Bratensaft, Grundsaucen
Karkasse	Geflügelknochen
marinieren	in eine Beize einlegen
Médaillons, Mignons	kleine Stücke von Filets
montieren	mit eiskalter Butter eine Sauce binden
nappieren	gleichmäßiges Überziehen mit Sauce
passieren	durch ein Sieb oder Tuch streichen
Paupiettes	meistens gefüllte, gerollte Schnitzel
pochieren	langsam in Flüssigkeit oder Wasser garen
reduzieren	auf die gewünschte Konsistenz einkochen
saignant	blutig braten
Sauternes	weißer Bordeauxwein
sautieren	in der Pfanne schnell anrösten